N & K

Milena Moser

High Noon im Mittelland

Die besten Kolumnen

Nagel & Kimche

1 2 3 4 5   15 14 13 12 11

Für die Buchausgabe:
© 2011 Nagel & Kimche
im Carl Hanser Verlag München
© 2006 Tamedia AG/Schweizer Familie, Zürich
Herstellung: Andrea Mogwitz und Rainald Schwarz
Satz: Gaby Michel, Hamburg
Druck und Bindung: Friedrich Pustet
ISBN 978-3-312-00480-5
Printed in Germany

High Noon
im Mittelland

Vorbemerkung

«Sie entsprechen eben ziemlich genau dem Bild unserer typischen Leserin», hatte Michael Solomicky, stellvertretender Chefredaktor der *Schweizer Familie* mir erklärt, als er mir eine Kolumne in seinem Heft anbot. «Sie leben in der Mitte der Schweiz, Sie sind im mittleren Alter, haben eine Familie, einen Garten, sogar Haustiere. Sie können sich mit unseren Lesern identifizieren und umgekehrt.»

So schnell ist man eingeordnet, dachte ich. Ich war gerade erst aus Amerika zurückgekommen, ich war neu in der Mitte der Schweiz, das Haustier hatte ich mitsamt dem Haus geerbt. Ich wusste noch gar nicht, ob ich das wirklich war, die da lebte, die so lebte. Aber: eine Kolumne! Das hatte ich mir lange gewünscht, das wünscht sich jeder, der schreibt.

«Ich versuche es», sagte ich deshalb, bevor ich mir überlegen konnte, was es bedeutet, jede Woche einen Text abzuliefern. «Wenigstens für ein Jahr ...»

Unterdessen sind es vier Jahre, und ich denke nicht daran aufzuhören. Im Gegenteil, ich habe das Gefühl, erst richtig warmzulaufen. Die Geschichten gehen mir nicht aus: Ich lebe schließlich jede Woche, also kann ich auch jede Woche schreiben. Ich schöpfe mit vollen Händen aus meinem Alltag, der eigentlich kein besonderer ist. Erst der wöchentliche Abgabetermin zwingt mich, den Stoff, der in ihm liegt, zu erkennen.

Dabei habe ich jede erdenkliche Freiheit. Auf der letzten

Seite der *Schweizer Familie* darf ich mich ausprobieren und austoben. Das Einzige, was von mir verlangt wird, ist, englische Ausdrücke zu übersetzen und Füllwörter zu vermeiden. Obwohl. Jedoch. Manchmal schmuggle ich eins rein.

Vor allem aber tausche ich mich mit den Leserinnen und Lesern aus. Sie teilen ihre peinlichsten Erlebnisse mit mir, sie reagieren auf meine Texte wie auf persönliche Briefe: mit persönlichen Antworten. Sie sprechen mich auf der Straße an: «Sind das jetzt die Stiefel, die Sie vor Ihrem Mann versteckt haben?», fragen sie mit verschwörerischer Miene, oder: «Haben Sie Ihre Schrottschüssel schon verkauft?»

Wenn ich etwas gelernt habe, dann das: Die typische Leserin, den typischen Leser gibt es nicht. Allein die, die mir geschrieben haben, sind zwischen fünfzehn und einundneunzig Jahre alt. Sie wohnen in der Mitte und an den Rändern der Schweiz. Sie haben Katzen und Mäuse, blühende Gärten und vertrocknete Topfpflanzen. Nicht alle sind einverstanden mit mir, aber sehr oft schreiben sie mir: Genau so ist es. Genau so fühle ich mich auch.

Ich bin wie sie, sie sind wie ich. Wir sind viele. Aber wir sind eine – wage ich es? Ja: Wir sind eine Schweizer Familie.

Die vorliegenden Texte sind zwischen 2006 und 2011 in der vorliegenden Reihenfolge erschienen. Die Auswahl ist eine persönliche: Es handelt sich um Michael Solomickys und meine Lieblingskolumnen.

Milena Moser, im März 2011

Das Leben ist kein Sofa

Als ich einmal eine Erleuchtung hatte, saß ich in Südfrankreich unter einer Lichterkette. Auf dem Heimweg vom Meer hatten wir an einer Bude am Straßenrand angehalten und Pizza bestellt, die mit Parmesan bestreut war. Es dämmerte, und die Lichter blinkten bunt. Die Kinder spielten mit streunenden Hunden, aus einem Kassettenrekorder schepperte Jacques Dutronc: «Le monde entier est un cactus, il est impossible de s'asseoi-oi-oir.»

Die Welt ist ein einziger Kaktus, man kann sich nirgends hinsetzen.

Wie bitte? Wie war das?

Die Pizza verharrte auf dem Weg zum Mund in der Schwebe. Die Zeit blieb stehen.

Bis zu diesem Augenblick hatte ich das Leben nämlich immer als eine Art Suche nach dem perfekten Sofa gesehen – ein Möbelstück, für das ich ohnehin eine gewisse Vorliebe hegte. Jedenfalls stellte ich mir gerne vor, dass ich es eines Tages geschafft haben würde. Dass sich mein Leben so komfortabel und unverwüstlich anfühlen würde wie eine Sitzlandschaft von italienischem Design. Nicht wie ein schwedischer Billigfuton, der immer im falschen Moment unter mir zusammenklappte und mich dabei unelegant auf den Boden beförderte! Natürlich stand ich immer wieder auf. Natürlich biss ich die Zähne zusammen und versuchte so zu tun, als sei das ganz normal. Als gefiele es mir auf dem Fußboden. Aber eines Tages, daran glaubte ich, eines Tages würde ich auf handgenähten Designerkissen sitzen, und es würde mir nichts mehr passieren können. Genau!

Ich dachte an meine Freunde, an meine Verwandten. Die Sofatheorie passte auf alle. Irgendwie. Manche schlenderten durchs Leben wie durch einen Möbeldiscountladen. Sie saßen auf jedem Sofa nur kurz Probe, konnten sich dann doch nicht entscheiden und nahmen nur den Katalog mit. Den sie dann auf dem Heimweg studierten und in dem sie ganz neue, ungeahnte Sitzmöglichkeiten entdeckten.

Andere arbeiteten zielbewusst auf das Sofa aller Sofas hin. Dafür sparten sie, dafür verzichteten sie auf wichtige und weniger wichtige Dinge. Sie steckten ihre Träume in eine mottensichere Plastiktüte, die sie zusätzlich vakuumierten und unter ihr Sofa schoben. Das ultimative Sofa, das sie dafür dann aber für den Rest ihres Lebens tragen würde wie ein Rettungsfloß auf hoher See. Allerdings stellte sich genau dieses teuer bezahlte Unding dann nur allzu oft als Schleudersitz heraus.

Denn offenbar passiert es oft, dass gerade, wenn man sich so richtig kuschelig eingerichtet hat – die Kaschmirdecke um die Beine festgesteckt, eine schnurrende Katze zu Füßen –, dass gerade dann ein Stein durchs Fenster geflogen kommt, und mit ihm ein kalter Wind. Fauchend springt die Katze auf. Am Stein ist mit Gummiband eine Nachricht festgemacht, eine Warnung:

Mach es dir ja nicht zu bequem, Mensch.

Ist es nicht so? All das ging mir durch den Kopf, während ich die französische Pizza aß und Jacques Dutronc sang. Man kann sich nicht hinsetzen ... Man soll sich vielleicht gar nicht hinsetzen? Oder wenigstens nicht für lange? Oder auch mal auf den Fußboden? Wenn das Sofa nicht das Ziel ist, dachte ich, dann ist der Schleudersitz auch keine Katastrophe. In diesem Moment gab ich die Vorstellung auf, es irgendwann geschafft zu haben und bequem zu sitzen. Und statt Angst empfand ich bloß Erleichterung. Denn das hieß, mein Klappfuton-Leben war ganz in Ordnung. Genauso wie ein Dasein mit Kunstlederbezug.

In diesem Augenblick drückte mein Mann auf den Auslöser. Auf dem Bild habe ich die Augen nach oben gedreht wie in religiöser Verzückung. Ich sehe aus wie eine Verrückte. Oder wie eine, die ihre Lebensweisheit aus französischen Schlagern bezieht.

Altpapier

Da, wo ich wohne, gibt es eine Entsorgungsanlage, die zweimal die Woche je zwei Stunden geöffnet ist. Dahin bringt man seine gesammelten Flaschen, gebündeltes Papier und Karton, Kleider, Sperrmüll, Grünzeug und eigentlich alles, was einem sonst noch in die Hände fällt. Abfallsäcke, die man zu spät an den Straßenrand gestellt hat. Die kann man auf dem Beifahrersitz festschnallen und zur Entsorgung chauffieren.

Da staunen Sie, was! Was ich nicht alles weiß!

Ich liebe nun mal diese Entsorgungsanlage. Sie ist ein Denkmal unseres kollektiven Recycling-Willens. Jede Woche erfüllt es mich mit Stolz, dass wir es wieder rechtzeitig geschafft haben.

Ich weiß zwar nicht, wie sinnvoll es vom ökologischen Standpunkt her ist, seine Abfälle mit dem Auto zu transportieren – nein, kommen Sie mir nicht mit dem Leiterwagen! Soll das ganze Dorf unsere leeren Flaschen scheppern hören? Und leider bringe ich auch meist genauso viel nach Hause, wie ich abgeladen habe. Blumentöpfe, Kaffeetassen, einzelne Keramikkacheln – lauter Dinge, die jemand nicht mehr brauchen konnte und die ich, ehrlich gesagt, auch nicht brauchen kann. Aber ich kann nicht widerstehen.

Einmal habe ich ein Cocktailglas mit dem Logo der Swissair aus einer Mulde gefischt. Sofort wurden Erinnerungen wach an längst vergangene Zeiten, in denen man gegen die Flugangst ein Getränk in einem Glas serviert bekam. Kaum mehr vorstellbar. Meine Mutter meint sich an Crevetten-Cocktails zu erinnern, aber das muss eine Legende sein. Das Glas jedenfalls ist Kult und kommt mit in mein Büro. (Wo braucht man Gläser dringender als im Büro?)

Ein andermal sah ich zwei ziemlich kleine Buben in der Papiermulde stehen, die die vorschriftsmäßig verschnürten Papierpakete mühsam umlagerten.

«Sucht ihr etwas?», fragte ich fürsorglich – wie oft war ich selber in der Situation gewesen? Hatte wichtige Dokumente, einmal gar einen Scheck von meinem Verlag, ins Altpapier geschnürt, Versehen oder freudsche Fehlleistung, und musste dann verzweifelt das richtige Zeitungsbündel wiederfinden, bevor die Entsorgungsanlage schloss.

Die Buben wechselten einen Blick. «Ein Heft», murmelte einer schließlich.

«So?» Gelenkig schwang ich mich zu ihnen hoch und begann, die Packen einzeln hochzuheben. Die Buben musterten mich verdattert. Vielleicht waren sie sich derart hilfsbereite Erwachsene nicht gewohnt. Ich kam mir ziemlich gut vor. Hier verbrachte ich einen Mittwochnachmittag damit, zwei mir völlig fremden Kindern zu helfen!

«Wie sieht das Heft denn aus?», fragte ich. Dachte an ein Schulheft. Vergessene Aufgaben, schlechte Noten. Grimmige Lehrer.

«Oh», sagten sie. «Hm.» Wieder dieser Blick. Beinahe flehend brachte der Kleinere schließlich vor: «Es hat ein Bild von einer Frau vorne drauf!»

Liebe Leserin, lieber Leser, Sie haben bestimmt schon längst gemerkt, warum sich die Buben so wortkarg äußerten, warum sie keine gesteigerte Dankbarkeit zeigten, warum sie schließlich von der Mulde sprangen und sich ohne ein Wort des Abschieds aus dem Staub machten, während ich noch hinter ihnen herrief, ich würde weitersuchen und ihnen das Heft nach Hause bringen, wo sie denn wohnten, bitte schön? Doch da waren sie schon um die Ecke verschwunden.

Und ich hatte immer noch keine Ahnung.

Erst als ich die Geschichte zu Hause erzählte und mein Mann die Augen verdrehte und mein Sohn sich mit der flachen Hand gegen die Stirn schlug und beide «Milenaa-aa!» stöhnten, mit diesem langgezogenen entnervten A, wurde mir klar, wonach die beiden gesucht hatten. Und was ich in meinem Übereifer verhindert hatte.

«Oh!», sagte ich.

Seither liebe ich die Entsorgungsanlage noch mehr.

Wo die Liebe hinmailt

Die Gäste lehnen an Türrahmen, sitzen auf Treppenstufen. Die knallrote, scharfe Jambalaya-Sauce tropft durch die dünnen Pappteller auf ihre Knie. Die Musik ist laut, die Stimmung gut, nur Jeannie, die Gastgeberin, starrt ins Leere.

Und plötzlich weiß ich, was hier fehlt: ihr Vater. Der großgewachsene, weißhaarige Südstaaten-Gentleman, der seit dem Tod der Mutter bei ihnen lebt. Wir haben uns alle an seine Anwesenheit gewöhnt, an seinen augenzwinkernden Charme, seine altmodische, zuvorkommende Höflichkeit. In seiner Gegenwart streichen wir uns die Haare zurück und legen den Kopf schief.

«Dein Vater...» Ich muss mich setzen. «Er ist doch nicht...»

Jeannie schaut sich im Wohnzimmer um, als hätte sie ihn verlegt. Dann schlägt sie die Hände vors Gesicht.

Mein Herz sinkt.

«Er ist von zu Hause weggelaufen!», sagt sie zwischen ihren Fingern hindurch.

Abhauen, von zu Hause weglaufen: Das hätte man eher von ihrer halbwüchsigen Tochter erwartet als von ihrem achtzigjährigen Vater. Doch dann dämmert es mir:

«Alzheimer?», flüstere ich und denke gleichzeitig: Bitte nicht, bitte nicht dieser reizende Herr...

Jeannies Blick ist schwer zu deuten. «Ha!», stößt sie hervor. «Schön wär's ja. Nein, er ist verliebt.»

Ich muss lachen. Jeannie findet das nicht lustig, überhaupt nicht lustig, aber ich kann mir nicht helfen.

Sie steht auf und geht in die Küche. Ich denke an meinen Freund Anton, von dem mir berichtet wurde, es habe ihn schwer erwischt und er trinke nicht mehr. Leberkrebs, war damals mein erster Gedanke. Was sagt es über mich aus, dass ich immer erst an unheilbare Krankheiten denke und nicht an die Liebe? Auch Anton hatte sich damals verliebt.

Jeannie kommt mit zwei Gläsern voller Eiswürfel und einer Flasche Southern Comfort zurück. Sie schenkt uns großzügig ein, nimmt einen Schluck und schließt die Augen.

«Das Internet ist schuld!» Auch diese Aussage hätte man eher in Bezug auf ihre Tochter erwartet als auf ihren alten Vater. Schließlich erzählt sie mir die ganze Geschichte:

Ihr Vater hat auf dem Netz nach ehemaligen Klassenkameraden gesucht, seine erste Liebe gefunden, ein Mädchen, dem er mit zwölf eine Ansteckblume aus Papier geschenkt hatte. Sie antwortet ihm, sie ist geschieden, er verwitwet: E-Mail, instant messaging, stundenlange Telefongespräche, dann nächtelange, und eines Tages packt er seine Habseligkeiten ein, lädt sie ins Auto und fährt – «allein! In seinem alten Ford!» – nach Georgia, die ganze Strecke in einem durch, sechsunddreißig Stunden.

«Wow», sage ich. «Wie romantisch!»

Jeannie schnaubt. «Das hat Gracie auch gesagt.» Ihre vierzehnjährige Tochter ist zum ersten Mal verliebt. «Bin ich eigentlich die Einzige hier, die keinen Sinn für Romantik mehr hat? Selbst Oscar war gerührt, dabei mag er meinen Vater nicht mal!» Oscar ist ihr Mann, ein mexikanischer Theaterregisseur, glückliche Jeannie, denken wir anderen, mit zwei so charismatischen Männern unter einem Dach zu leben ...

Um sie abzulenken, erzähle ich ihr von meiner ersten Liebe, er schlug mit einem Stock den Schnee von den Baumästen, um mich dann vor dem fallenden Weiß zu beschützen. Wir waren vier Jahre alt. Als er die Anekdote später in einer Zeitschrift nacherzählt fand, schrieb er mir, er fühle sich geschmeichelt, aber er könne sich an nichts erinnern. «Die Liebe findet im Kopf statt», sage ich.

Jeannie nickt, obwohl sie gar nicht zugehört hat. Sie steht auf und steuert direkt in eine Traube gazellenbeiniger Schauspielerinnen, sie nimmt ihren Mann am Arm und geht mit ihm hinaus in den Garten. Zwischen flackernden Fackeln und festlichen Lampions hindurch zieht sie ihn in den Geräteschuppen.

Ich trinke mein Glas aus, die Eiswürfel klirren, Georgia on my mind.

Wenn Männer zu sehr kochen

Kennen Sie den vom Mann und dem Gartengrill? Nein? Egal, ist auch total überholt. Die Mär von den Männern, die nicht kochen können, es sei denn am offenen Feuer. Schnee von gestern. Männer sind in der Regel genauere, leidenschaftlichere Köche als Frauen. Sie kochen mit einer Intensität, die im Alltag nichts verloren hat, und bei jeder Gelegenheit – solange ein Publikum vorhanden ist.

Und manchmal wünschten wir uns, sie würden es nicht tun.

Weil sie jede Einladung zum Abendessen in ein kulinarisches Seminar verwandeln. Erst einmal wird das Beschaffen der Zutaten nacherzählt – so etwas Profanes wie in den Laden zu gehen ist Frauen vorbehalten. Nein, da muss mit mehr Finesse vorgegangen werden: Das filigrane Fischlein eigenhändig aus dem eiskalten Wasser von Alaska gezogen und noch vor Ort zerstückelt, das zarte Lamm beim Biobauern des Vertrauens bestellt, den Tag der Schlachtung mit der Astrologin abgestimmt. Das Rezept einem achtzehnpunktigen Koch abgeluchst, der im Vorfeld mit alkoholischen Getränken aus dem eigenen Keller gefügig gemacht wurde. Und dann in monatelangen Selbstversuchen zu der Sinfonie der Sinne weiterentwickelt, die nun auf unseren Tellern liegt und die wir kaum anzurühren wagen.

Hat jemand «en Guete» gesagt? Nein, wir sind noch nicht so weit. Erst müssen die Geräte gewürdigt werden, die am Gelingen maßgeblich beteiligt waren. Nur Frauen können so naiv sein zu meinen, ein Messer müsse einfach scharf sein! Nein, der Stahl aus Sheffield muss von The Clash besungen und dann von japanischen Mönchen in einem bestimmten meditativen Rhythmus geschmiedet werden. So ein Messer hat nicht jeder, hat genau genommen nur unser Gastgeber, und er sagt uns auch gleich noch, was es gekostet hat.

Und bevor jemand das Glas an die Lippen setzt: die obligate Einführungsvorlesung in die Önologie. Es muss gurgelt werden.

Das nennt sich eine Einladung zum Essen, aber das ist nur ein Vorwand. Das merkt jeder am Tisch sehr schnell. Solche Anlässe sind nichts anderes als die kultiviertere Version von «Mein Auto ist größer als deins und erst noch zwei».

Wenn ich zum Essen einlade ist das natürlich auch ein Vorwand. Ich kann nämlich nicht kochen. Aber auch ich brauche einen Vorwand: um mit alten oder neuen Freunden zusammenzusitzen, zu reden, es schön zu haben.

Ich serviere Spaghetti, weil mir die meistens gelingen. Wenn nicht, hab ich die Nummer vom Pizza-Lieferdienst. Weil ich lieber mit den Gästen am Tisch sitze als allein in der Küche stehe. Weil ich hören will, was sie zu erzählen haben. Das interessiert mich brennend. Jedenfalls viel mehr als das psychiatrische Gutachten über das Krebstier, das in der Spaghettisauce schwimmt. Manche Gäste, die zum ersten Mal kommen, schauen irritiert. Ihre Blicke rutschen hin und her, vom einen zum andern: Darf man das? Fertig gekaufte Vorspeisen auf den Tisch stellen? Darf man sich einfach so entspannen? Ist es egal, wer den selteneren Wein mitgebracht hat? Uninteressant sogar?

Die meisten genießen das. Und kommen gerne wieder. Für die anderen präzisiere ich bei der nächsten Einladung: «Diesmal kocht mein Mann. Er konnte einen butterzarten Hasen adoptieren, direkt aus einem Klostergarten und von den Mönchen besungen, ich sage euch, ein Gedicht!»

Markenbewusstsein

«Nämezi Märkli?»

«Wie bitte?»

Diese spezifische Frage überrumpelte mich, als ich nach acht Jahren Kalifornien in die Schweiz zurückzog und zum ersten Mal einkaufen ging. Märkli? So etwas hatte es «zu meiner Zeit», also bevor wir weggezogen waren, noch nicht gegeben. Vielleicht lag es allerdings daran, dass wir in der Stadt gewohnt hatten, wo es keinen Volg gab?

Hinter mir bildete sich eine Schlange, die geduldig wartete, während ich mir das Konzept erklären ließ. Ich empfand es als eine Art Initiation, als man mir ein druckfrisches, noch jungfräuliches Sammelheft und eine erste Auswahl, sozusagen die Start-Kollektion von Märkli aushändigte. Es gibt sie in drei Farben: blau, gelb und rot. Im Wert von zwei, zehn und fünfzig Franken. Die Felder sind in den entsprechenden Farben vorgedruckt. Doch das muss man erst einmal merken. In meiner anfänglichen Begeisterung klebte ich sie gleich alle übereinander, füllte Seite um Seite mit Blau, Rot und Gelb. Doch so einfach ist es nun auch wieder nicht. Pro Halbseite klebt man Marken im Wert von fünfzig Franken zusammen, aber Achtung! Nur Marken derselben Farbe! Ich Idiotin hatte gleich die wertvolle Fünfzigermarke zur Krönung auf die bereits volle Seite gepappt und konnte gleich noch einmal von vorn anfangen.

Markenkleben ist zugegeben vielleicht nicht gerade eine

Kunst, aber durchaus eine Tätigkeit, die eine gewisse Konzentration erfordert. Vor allem, wenn man es sich nicht gewohnt ist. Ich erinnere mich zwar schwach an Mondo- oder Silvapunkte aus meiner Kindheit, die mich dazu gebracht haben, die verhasste Ovomaltine statt der Schokolade zu trinken, die süßer war, aber weniger Punkte einbrachte. Und ich meine mich zu erinnern, dass diese Punkte gegen große Alben voller Hochglanzbilder eingetauscht wurden.

Bilder von ... Tieren? Bergen? Ich weiß es nicht mehr. Wichtig war das Sammeln der Punkte, nicht das Einlösen. So ist es heute noch. Das Füllen der einzelnen Seiten ist es, das mir eine eigenartige Befriedigung verschafft, nicht die zehn Franken, die ich für ein volles Heft bekomme.

Es dauerte ohnehin recht lange, bis ich mein erstes Büchlein voll hatte. Ich musste erst lernen, überlegt zu kleben. Strategisch einzukaufen. Bald schon ertappte ich mich dabei, wie ich meine Einkäufe so berechnete, dass sie an der Kasse die richtige Art von Marken abwerfen würden: «Wenn ich noch ein Paket Waschmittel dazunehme, mache ich den Zehner voll ...»

Soll noch jemand behaupten, der tägliche Einkauf sei ein sinnentleerter Vorgang!

«Nämezi Märkli?» Zu meinem Erstaunen sagen viele Kunden nein.

Meine Mutter zum Beispiel. Das Markensammeln erinnert sie an schlechtere Zeiten. Nach dem Krieg, als Mangel herrschte und man gezwungen war, strategisch einzukaufen, einzuteilen, zu sparen, manchmal auch Hunger zu haben. Daran will sie heute gar nicht mehr denken. Keine Märkli nehmen heißt, sich den (bescheidenen) Einkauf leisten zu können. Nicht sparen zu müssen. Nun könnte ich sie natürlich bitten, die Märkli für mich zu nehmen, aber ich glaube, das wäre Betrug.

Allerdings kommt es vor, dass sich an der Kasse jemand umdreht, vermutlich meinen angehaltenen Atem registriert, die kaum verhohlene Gier und mir die von ihm eben abgelehnten Marken anbietet. «Random acts of kindness», zufällige freundliche Handlungen nennt man so einen spontanen Gefallen, den man einem Fremden tut. Parkuhren füttern, Einkaufswagen weitergeben, ohne die Pfandmünze zurückzufordern, Märkli verschenken. Freundlichkeiten, die nichts bezwecken, keinen Dank erwarten. Naive Gemüter behaupten, auf diese Weise könne die Welt gerettet werden. Und in solchen Momenten bin ich geneigt, ihnen zu glauben.

Ablösen, abwaschen

«Es dauert keine drei Wochen», prophezeit mein Sohn, «und dann ist das da eine Kolumne.»

Er macht eine Handbewegung, die «das da» umfasst: das Zimmer in der neuen Wohnung, die er mit einem Freund teilt, der Tisch, an dem wir sitzen und Scoppa spielen, mein Sohn, sein Vater, sein Stiefvater und ich. Das Sofa, auf dem sein jüngerer Bruder lümmelt und eine Wrestler-Biographie liest.

Mein Sohn ist zwanzig, und er wohnt nicht mehr zu Hause. Das ist ganz normal. Ich wiederhole das noch einmal, damit ich es selber glaube: Das ist ganz normal und gut so. Ich bin schließlich selber mit siebzehn zu Hause ausgezogen. Damals fand ich, ich sei überreif für die Selbständigkeit, mehr als erwachsen, meiner Mutter weit überlegen. Umso größer der Schock, abends das Frühstücksgeschirr genau dort vorzufinden, wo ich es stehen gelassen hatte. Ich erinnere mich noch, wie ich meinen Chef um eine längere Mittagspause bat, damit ich einkaufen gehen konnte. Ich machte eine Buchhändlerlehre, das heißt, ich arbeitete genauso lange, wie die Läden offen waren. In der Mittagspause einkaufen? Aber ... Was für eine Zumutung!

Kurz, das Erwachsenenleben war unerwartet anstrengend, und manchmal beneidete ich meine Freunde, die weiterhin vernünftig zur Schule gingen und zu Hause wohnten.

Ist mein Sohn erwachsen? Er behauptet es. Seit mindestens fünf Jahren.

Nachdem ihn seine beiden Väter schon unter windigen Vorwänden in der neuen Wohnung besucht hatten («Ich bring dir schnell …»), nutzte ich einen ungewohnt frühen Telefonanruf, um uns alle zum Essen einzuladen. Vielleicht habe ich ihn ein bisschen überrumpelt. Durchaus möglich. Ich habe überhaupt alles falsch gemacht. Alles, was ich selber nicht ertrage, alles, was mich je an den Besuchen meiner Mutter genervt hat. Zum Beispiel bin ich eine Stunde zu früh aufgetaucht. Nur um ein bisschen mit ihm allein zu sein. Natürlich hatte ich einen brillanten Vorwand, aber den habe ich unterdessen vergessen. Sein Gesicht, als er die Tür öffnete! Das konnte selbst ich nur schwer als freudig überrascht interpretieren. Dabei hatte ich erst vor kurzem in einer Frauenzeitschrift gelesen, wie man sich in der WG des erwachsenen Kindes zu benehmen hat. Aber das bezog sich alles irgendwie nicht auf mich. Würde ich etwa auf die Idee kommen, ein fremdes WC zu putzen?

Die Antwort ist leider: ja.

Plötzlich wird mir klar, was ich schon so oft gehört und intellektuell auch verstanden, aber noch nie wirklich nachgefühlt habe: Wenn die Mutter in der Wohnung rumpfuscht, will sie damit keine Kritik ausdrücken. Sondern überschäumende Liebe. Und – sie ist eigenartig glücklich dabei.

Mein Sohn gewinnt beim Scoppa. Der eine Vater behauptet, das sei nicht mit rechten Dingen zugegangen. Ich gehe in die Küche und wasche das Geschirr ab. Aus der Stube ruft man nach mir. Mein Sohn droht an, ein Getränk zu mischen, das «Incredible Hulk» heißt – «ihr seid doch mit dem Zug gekommen?» Doch ich kann es nicht lassen.

Ich wasche das ganze Geschirr ab. Dabei spalte ich mich: Die eine Hälfte schaut mir kopfschüttelnd zu, die andere sucht den Pfannenschwamm. Und wer die Augen verdreht, bin nicht ich, sondern mein Sohn. Die Ablösung ist vollzogen.

Doch dann kommt sein Mitbewohner nach Hause und freut sich, dass er nicht abwaschen muss.

Trotzdem – nächstes Mal werde ich auf meine Hände sitzen. Oder es wenigstens versuchen. Versprechen kann ich es nicht. Vielleicht muss ich erst einen Incredible Hulk trinken. Was immer das ist.

Adams Knochen

Einmal vor vielen, vielen Jahren stand ich mit einem kleinen Jungen, der seinen Namen hier nicht genannt haben möchte, in einem Supermarkt. Das Kind war vier oder fünf Jahre alt und trug Latzhosen. Das ist wichtig.

Ich stützte mich auf meinen Einkaufswagen. Wie viele Sorten Essig kann es eigentlich geben?, dachte ich. Unglaublich, woraus man Essig machen kann. Ich stand vor einem Regal, in dem sich die Flaschen endlos reihten. Während ich die Etiketten studierte, fiel ich in eine Art Hausfrauentrance, die mich beim Einkaufen immer wieder überkommt. Plötzlich schien es undenkbar zu wählen, aus den Tausenden und Abertausenden von Essigflaschen (Frühstücksflocken, Yoghurtsorten), die sich wie in Alices Zauberspiegel ins Unendliche vervielfachten, die Richtige herauszufinden. Ich weiß nicht, wie viele Stunden meines Lebens ich in dieser Zwischenwelt, in der Grauzone zwischen Supermarktregalen gestanden habe, außerstande, den Arm zu heben, etwas aus dem Regal zu nehmen, in den Einkaufswagen zu legen, diesen ein paar Schritte weiterzuschieben. Und damit bin ich keinesfalls allein. Man begegnet ihnen ständig, diesen im Neonlicht erstarrten Kunden. Für genau diesen Fall ist ja die Einkaufsliste erfunden worden, um den wandernden Geist der Einkaufenden Zeile für Zeile an die Realität zu binden. Ich schreibe solche Listen im vollen Bewusstsein ihrer Bedeutung und lasse sie dann doch regelmäßig zu Hause liegen.

Aber irgendetwas reißt mich dann doch immer wieder in die Wirklichkeit zurück, manchmal schießt ein fremder Einkaufswagen ungebremst in meinen, manchmal, wie in diesem Fall, schreit irgendwo ein kleines Kind.

Kleine Kinder schreien alle gleich, aber dieses war meines. Mein Sohn stand mitten im Gang zwischen den Regalen und heulte. Er hatte die Hände unter den Latz seiner Hose geschoben. Sein Gesicht war rot und zu einer Maske der Verzweiflung erstarrt. Aus dem weit aufgerissenen Mund kamen abgehackte Laute. Ich ging in die Knie und zog ihn an mich, doch es dauerte eine Weile, bis er sich halbwegs verständlich ausdrücken konnte.

«Meine Knochen!», schluchzte er. «Meine Knochen sind runtergefallen!»

Schon hatte sich eine Gruppe Neugieriger um uns gebildet.

Was macht sie nun? Die Umstehenden schienen untereinander Wetten abzuschließen. Kriegt sie die Sache in den Griff? Die Chancen standen schlecht. Ich hatte keine Ahnung, was mein Sohn meinte.

«Deine Knochen?» Ich hielt ihn ein Stück von mir weg, tastete ihn ab, er schien unverletzt. Alles noch da.

«Meine Rippen», weinte er, «meine Rippen sind verrutscht!»

Hektisch fuhren seine Hände unter dem Hosenlatz auf und ab. Ich hielt meine Hände über seine, zählte nach. (Wie viele Rippen hat der Mensch? Egal.)

«Aber nicht doch, alle da», sagte ich mit der ganzen mütterlichen Munterkeit, die ich in diesem Moment aufbringen konnte. Die Wirkung war fatal. Wie immer, wenn er sich unverstanden fühlte, schrie der Kleine noch lauter.

«Neiiiiiiin, Mama, hier, fühl doch mal!»
Ich fühlte nach. Ach so.

«Das sind nicht deine Rippen, das sind deine Hüftknochen», sagte ich, «und die sind genau da, wo sie sein sollen.» Beinahe hätte ich gelacht. Mein Sohn aber hatte noch nie von Hüftknochen gehört und glaubte mir nicht. Ich konnte ihn nicht beruhigen. Die Traube, die sich um uns gebildet hatte, löste sich langsam auf, mit kleinen Geldscheinen wurden die ausgehandelten Wetten beglichen, das Leben ging weiter. Und den richtigen Essig hatte ich auch noch nicht gefunden. Ich ließ den Einkaufswagen stehen und trug den Jungen über den Parkplatz zum Auto. Haltlos schluchzte er an meiner Schulter: ein kleiner Junge, untröstlich, weil ihm eine Rippe fehlte. Und nichts, was ich sagte, konnte dieses Unheil wiedergutmachen. Wenn es das ist, was Adam gefühlt hat, als er eines Tages mit einer Rippe weniger aufwachte, dachte ich, dann brauchen wir uns nicht zu wundern. Wirklich nicht.

Anfängergeist

Seit neun Jahren mache ich Yoga, und zwar ziemlich regelmäßig. Darauf sind nun zwei Reaktionen möglich: «Das würde man dir gar nicht geben!» oder «Wow, dann musst du aber schon richtig gut sein!» Beide gehen davon aus, dass es im Yoga etwas zu erreichen gibt: Beweglichkeit. Eine gute Figur. Innere Gelassenheit. Ewiges Lächeln. Über den Dingen stehen. Und, ach ja, die Beine im Nacken verschränken und so auf den Handflächen balancieren können. «Wie Madonna. Die kann das. Die übt vier Stunden pro Tag – und du?» Fliegende Schildkröte heißt diese Stellung – oder wenn nicht, dann würde der Name gut passen. Aber Schildkröten fliegen nicht, und ich auch nicht. Und im Yoga kann man gar nicht «gut sein». Man kann es nur machen. Jeden Tag und immer wieder von vorn.

Das hat natürlich einen philosophischen Hintergrund, der nicht so schnell erklärt ist und auch die Enttäuschung in den Gesichtern meiner Bekannten nicht wegwischt. Vor allem, wenn ich dann auch noch gestehe, dass ich nach all den Jahren noch nicht einmal die einfache Beinbrezel hinkriege, auch bekannt als klassischer Lotossitz.

«Und was hast du denn davon?» ist in ihren Gesichtern zu lesen. «Wozu soll es dann gut sein, dieses Yoga?»

Dieselben erfolgsorientierten Bekannten haben mich schwer bedauert, als ich letztes Jahr im Spital lag: «Jetzt kannst du ja gar kein Yoga machen», sagten sie. «Das wird dich aber ganz schön zurückwerfen!»

Ach ja? Ich hatte viel eher das Gefühl, einen verlängerten Intensiv-Workshop mitzumachen. Yoga heißt schließlich, eine unbequeme Situation aushalten zu können. Und einfach weiterzuatmen. In diesem Sinne war jede Minute im Spitalbett eine Yoga-Übung. Eine bewusstseinserweiternde Erfahrung, für die ich nicht einmal extra bezahlen musste. Zwar wurden keine prominenten «Master Teacher» aus Amerika eingeflogen, dafür hatte ich meine Bettnachbarin, die mich unbeugsam an meine Grenzen brachte. Und das nur, indem sie ihren körperlichen Bedürfnissen grundsätzlich in Sicht- und Hörweite meines Krankenlagers nachging. Das ist ein Bereich, wo ich hochempfindlich, um nicht zu sagen total verklemmt bin. Doch davon hat mich meine unfreiwillige Yogameisterin kuriert. Eine andere persönlichkeitsbildende Übung war es, in Ohnmacht zu fallen. Und zwar auf dem Klo. In einem dieser wenig schmeichelhaften und nicht wirklich körperbedeckenden Spitalkittel. Mich von sechs Unbekannten beiderlei Geschlechts ins Bett hieven zu lassen – ja, sechs Menschen braucht es, um mich hochzuheben! Schamgefühl? Die bereits erwähnte Verklemmtheit? Meine ganz individuellen Grenzen? Getestet, gedehnt, erweitert.

Dafür zahlen andere Leute viel Geld. Ich hatte das einfach so, zum Unfall dazu, gratis. Überhaupt machte mir die ganze Sache erstaunlich wenig aus. Ich, die ich früher schon einen vor der Nase davongefahrenen Bus als persönliche Attacke der höheren Mächte, als weiteren Beweis für die Ungerechtigkeit des Schicksals angesehen hatte! Vielleicht habe ich ja doch etwas gelernt in diesen neun Jahren. Beweglichkeit, die nicht so leicht vorzuführen ist: Beweglichkeit im Kopf.

Dafür kann ich nicht mehr auf einem Bein stehen. «Jetzt musst du wieder ganz von vorn anfangen», werde ich in der ersten «richtigen» Yogastunde bedauert. Stimmt – doch auch das ist gut so. Der sogenannte Anfängergeist ist schließlich eine Vorstufe der Erleuchtung. Nichts als gegeben, als erreicht vorauszusetzen, sondern alles so anzuschauen, als sähe man es zum ersten Mal: Immer wieder von vorn anzufangen ist auch Yoga. Und darin bin ich langsam richtig gut.

Die Zeitung von hinten

Ich lese die Zeitung von hinten nach vorn. Bund für Bund drehe ich um. Denn auf der letzten Seite stehen die Geschichten, die mich interessieren, die kleinen Geschichten, das Leben. Vorne Weltgeschehen, hinten Unglücksfälle und Verbrechen. Vorne Sport, hinten Klatsch. Die letzte Seite des *Tages-Anzeiger* heißt sogar so: Leben. Doch am allerliebsten lese ich die letzte Seite des Lokalbundes der *Aargauer Zeitung*. Genauer gesagt: die SMS.

Ganze Welten tun sich da auf, auf zwei oder drei Zeilen zusammengefasst. Verlorene Katzen werden gesucht und gefunden oder manchmal auch überfahren. Herzzerreißend. Kinder gratulieren ihren Müttern oder umgekehrt, und manchmal mischt sich ein Besserwisser ein, der anmerkt, dass der ein- oder zweijährige Nicki oder Stöffel vermutlich noch gar nicht lesen und schreiben könne. Natürlich hat er recht, der Besserwisser, aber das macht ihn nicht sympathischer: Muss man es den jungen Müttern noch unter die Nase reiben, dass sie die Liebesbezeugungen selber verfasst haben? Wenn es sonst schon keiner tut?

Liebesbezeugungen. Das ist natürlich der wahre Grund, die SMS zu lesen.

«Min Buuch flügt devo, mis Herz staat still ...»

Genau. Und ich lächle das erste Mal, frühmorgens, in meinen Kaffee.

Meist sind die Geschichten, die sich zwischen den Zeilen abspielen, aber eher schwierig. Man sieht jemanden, man traut sich nicht, ihn anzusprechen, man schickt ein SMS ... an die Zeitung!

«Mitteilung GEFUNDEN! Sa. 8.3. im Wynecenter Buchs EHERING abgegeben beim Kundendienst.»

In meinem Kopf läuft gleich ein Film ab: ein heftiger Streit zwischen den Regalen, vielleicht bei den Konservendosen oder den Essigflaschen, keinesfalls bei den Süßigkeiten, ein Streit, der damit endet, dass sie unter Tränen ihren Ring vom Finger reißt, was nach all den Jahren gar nicht so einfach ist, er sitzt fest wie angewachsen, doch schließlich schafft sie es. Er hat sich bereits abgewandt, betont ungerührt mit den Schultern zuckend. Die beruhigt sich schon wieder, denkt er, die hat sich noch immer beruhigt. Und er sieht nicht, wie sie ihm den Ring nachschmeißt, der an seiner dicken Jacke abprallt und unter das Regal kullert, unter die Salatsaucen oder vielleicht auch Essiggurken.

«an M. von S. Wiso muessi immer a di dänke? Freue mi uf meh vo dir ...»

Das klingt vergleichsweise einfach, ist es aber nicht, denn:

«Sarah, Sonja, Steffi, Sandra, Seraina, Susanne, Samira, Soraia, Sybille oder wer? Gruß M.»

«M. Du kennst aber viele S. Denke bei so einer auswahl wird es schwirig sein das sich die richtige meldet!? Gruss S.»

Mich würde allerdings viel mehr interessieren, welche (oder welcher) M. gemeint ist. Vielleicht ich? Schließlich beginnt mein Name auch mit diesem Buchstaben. Zwei meiner besten Freundinnen heißen S., aber ich kann mir beim besten Willen nicht vorstellen, dass sie immer an mich denken müssen. Also wer?

«Ich denke das du s bist aber … bin nicht sicher … so kann ich mir denken das du immer noch an mich denkst a mir machts nicht spass»

Oje. So war die erste SMS-Botschaft von S. an M. aber bestimmt nicht gedacht. Wieder eine heimliche Liebe im Geschwätz der anderen erstickt.

«Mein Leben gehört dir, ich habe es dir gerne gegeben …»

Ja. Das ist es.

Jeden Tag finde ich eins, von dem ich glauben will, es sei für mich aufgegeben worden. Gerührt schaue ich auf und meinen Mann an. Der Tag bekommt einen rosa Schimmer. Einen rosa Schimmer, den ich auf der Frontseite der Zeitung bestimmt nicht gefunden hätte.

Betty Bossi Shanti Om!

Ich freue mich, an dieser Stelle bekanntgeben zu können, dass das Chaos ein Ende hat. Die Zeiten der Irrungen und Wirrungen sind vorbei. Alles wird gut. Mein Leben hat wieder Sinn und Richtung.

Ich habe Betty Bossi gefunden.

Oder besser gesagt: wiedergefunden – es gab schon einmal eine Zeit in meinem Leben, in der ich mich ihr verschrieben hatte. Man nennt das ein Abonnement. Man bekommt ein Heft voller nützlicher Tipps für Vorgänge, deren Existenz man – ich – nicht einmal ahnen konnte. Man hat unbeschränkten (unbeschränkten!!!) Zugang zur Rezeptsammlung und kann von allen Angeboten SOFORT profitieren. Vor allem gehört man dazu. Zu den Eingeweihten. Zu denen, die nichts so schnell aus der Fassung bringt. Die wissen, dass es für alles eine Lösung gibt oder wenigstens einen Trick.

Jahrelang war ich in der Obhut – beinahe hätte ich geschrieben «in der Kirche», denn so fühlte es sich an – von Betty Bossi geborgen und sicher aufgehoben. Gerade als bekennende kulinarisch Herausgeforderte war mir ihre Unterstützung, und sei sie virtuell, unersetzbar. Doch dann kam es, wie es kommen musste: Ich wurde hochmütig. Ich meinte, ich bräuchte sie nicht mehr. Ich vergaß sogar, dass es sie gab. Am schlimmsten fehlen einem ja immer die Dinge, von denen man nicht einmal weiß, dass sie einem fehlen.

Dann kam der Abend, an dem meine Seele gerettet werden sollte. Ein Treffen bei einer meiner Nachbarinnen, zu dem ich unvorsichtigerweise nicht mit leerem Magen angetreten war. Denn auf ihrem Esstisch standen mehrere Platten mit etwas, das ich auf den ersten Blick banausinnenhaft als Schinkengipfeli identifizierte.

Weit gefehlt!

Es handelte sich vielmehr um mit allen denkbaren Zutaten gefüllte, individuell dekorierte, aber in Form und Größe nahezu identische, perfekt gerollte Ziger-, Cревetten-, Was-weiß-ich-Gipfel. Wünsch-dir-was-Gipfel.

Ich probierte sie alle. Mehrmals. Ich war hingerissen.

«Wie kriegst du die bloß so perfekt hin?», fragte ich, bereit, vor meiner Nachbarin in die Knie zu gehen. Ich erinnerte mich nur zu gut an einen Weihnachtsabend in San Francisco, an dem ich in einem Anfall von Heimweh Schinkengipfeli zur Vorspeise hergestellt hatte, «from scratch», wie der Amerikaner es nennt, wenn man etwas nicht fertig kauft und auftaut. Ein Desaster. Unförmige Gebilde, die sich in der Ofenhitze aufbäumten, auseinanderrollten, zersetzten. Philosophisch gesehen mag der Inhalt der Form überlegen sein, doch für den Schinkengipfel gilt das nicht.

Nun hätte meine Nachbarin mich leicht zerstören können mit einer hoheitsvollen Antwort wie «Es ist alles eine Frage der Übung» oder «Ja, wenn man sich eben konzentriert …» Solche Nachbarinnen gibt es, glauben Sie mir, aber Gott sei Dank nicht da, wo ich jetzt wohne. Stattdessen gestand sie fröhlich: «Aber die mach ich doch mit dem Gipfeler!»

«Dem Gipfeler?»

Lassen Sie das Wort auf sich wirken. Stellen Sie sich das einmal vor. Welches Genie steckt dahinter?

Ich konnte es kaum erwarten, nach Hause zu kommen und einen eigenen Gipfeler zu bestellen. Leider gibt es ihn nicht mehr. Ich muss also demnächst wieder bei meiner Nachbarin klingeln und unschuldige große Augen machen. Dafür hab ich mir eine Kochpinzette bestellt, magische Staubtücher und einen Kellen-Clip.

Ja, einen Kellen-Clip. Mir kann nichts mehr passieren. Alles wird gut.

Und schreiben Sie mir jetzt bitte nicht, Betty Bossi sei kein real existierender Mensch. Lassen Sie mir meinen Glauben – jetzt, wo ich ihn gerade wiedergefunden habe.

Achtung, enthält Katzen!

Mit dieser Warnung kündigt der Kolumnist Jon Carroll im *San Francisco Chronicle* jeweils die sporadischen Berichte über die Aktivitäten seiner Hauskatze an. Damit die, die sich nicht für Katzen interessieren, diese gleich überspringen können.

Ich gehörte auch zu denen, die dann weiterblätterten. Katzen, dachte ich. Was gibt es über Katzen schon zu sagen?

Ha!

Wir haben zwei Katzen, und sie heißen Lulu und Fuzzy. Sie merken sich diese Namen am besten gleich, denn Sie werden noch öfter von ihnen hören. Aber ich verspreche, ich werde es immer gebührend ankündigen.

Lulu und Fuzzy sind meine Haustherapeuten. Ich kann mir ehrlich gesagt nicht mehr vorstellen, wie ich ohne sie über die Runden gekommen bin.

Lulu ist ungefähr hundert Jahre alt und dementsprechend schlecht gelaunt. «Besser wird's nicht», ist ihre Devise, wie in dem Film mit Jack Nicholson, dem sie von weitem auch etwas ähnlich sieht. Wir haben sie von meiner Schwiegermutter übernommen, die sich mit Lulu bestens unterhalten konnte. Sie sagte sogar, Lulu verstehe alles. Das glaubte ich natürlich erst einmal gar nicht. Nicht dass ich Katzen nicht mochte. Ich konnte nur nichts in ihnen sehen, das über das reine Katzensein (Fressen, Schlafen, Gähnen) hinausging.

Gesprochen habe ich jedenfalls nie mit ihnen.

Sie sollten mich jetzt hören.

«Lulu! Komm her, Lulu, na, du alte Tante? Wie ist das Leben, Lulu, ach Lulu, komm her, Lulu ...»

Mühsam erhebt sie sich von den Sofakissen und geht zur Wand. Im Vorbeigehen streift sie mich mit einem Blick. Womit hab ich das verdient, sagt der Blick. Dann setzt sie sich vor die Wand und schaut sie an. Die Wand. Mit erhobenem Kopf.

Das sind nun meine Aussichten, denkt sie, ich sitze vor einer Wand, weiter geht es nicht.

«Luluuuuuuuuuuu!»

Mir bleibt auch wirklich nichts erspart. Gleich fängt sie an zu singen!

«Lulu-ette, gentille Alouette!»

Lulu seufzt. Ich schwöre es, sie seufzt. Sie schaut die Wand an, weil das immer noch besser ist, als mich anzuschauen.

Ist das alles?, scheint sie zu fragen, ist das alles, was ich vom Leben noch zu erwarten habe?

Ich, die ich immerhin einmal beinahe in eine Wand eingemauert worden wäre? Später liegt sie im Bett. Nicht in ihrem, in unserem. Mitten auf der weißen Decke. Und sie schaut mich an mit diesem gelben Blick, der sagt: «Werde du mal so alt wie ich. Und dann sehen wir weiter.»

Lulu ist mein Regulativ. Sie verweist mich unbeirrt auf meinen Platz, jeden Tag. Was ich auch tue oder sage, ihr Blick fragt: «Und?» Doch trotz ihres zur Schau getragenen Degouts wartet sie an der Tür, wenn ich nach Hause komme, und seit ich vierzehn Jahre alt war, hat mich niemand mehr so hoheitsvoll schweigend in Empfang genommen.

Und dann ist da natürlich Fuzzy. Fuzzy, der Wonneproppen. Sie schmeißt sich, sobald sie einen Menschen nur von weitem sieht, vor lauter Begeisterung gleich auf den Rücken. Und zwar ganz egal, wo sie gerade ist. Sie ist dabei schon die Treppe hinuntergefallen oder vom Sofa gekugelt, was sie aber nicht daran hindert, sich aufzurappeln und gleich wieder hinzuschmeißen. Haben Sie das schon mal erlebt? Dass sich jemand so vor Ihre Füße wirft? Mit jemand meine ich natürlich: eine Katze. Es gibt Dinge, die kann man von Menschen nicht erwarten.

Wenn ich allerdings durchs Leben komme, ohne mir etwas auf mich einzubilden und ohne deshalb oder aus anderen Gründen allzu lange traurig zu sein, dann verdanke ich das bestimmt meinem perfekt aufeinander eingespielten Tiertherapeutenteam.

Professor Lulu und Doktor Fuzzy ...

Schon gut, schon gut! Ich höre ja schon auf. Lulu sitzt in der Ecke und starrt die weiße Wand an. Ich könnte schwören, sie schüttelt den Kopf.

Wenn Männer zu sehr grillieren

Ich weiß, ich habe an dieser Stelle einmal behauptet, es sei unwahr, veraltet und ein Klischee. Was man über grillierende Männer sagen könnte. Das muss im Winter gewesen sein, als ich das geschrieben habe. Jetzt ist es Sommer, und ich nehme alles zurück.

Denn vor ein paar Tagen saß ich, zum ersten Mal in diesem Jahr, auf der Gartenbank, gut versorgt mit einem dicken Buch (die Lage war zu ernst, als dass jemand mit mir Smalltalk hätte machen können), einer Tüte Chips (essen würden wir frühestens in zwei Stunden) und einer Sonnenbrille (um meine Augen vor dem beißenden Rauch zu schützen). So saß ich also und schaute zu, wie meine vier Lieblingsmänner den Grill bedienten. Fast hätte ich geschrieben, «den Grill erlegten», denn so wirkte es auf mich. Irgendwie urzeitlich. Mit Lieblingsmänner meine ich übrigens meine beiden Söhne und ihre jeweiligen Väter, und, nein, wir führen keine Mehrwegbeziehung, sondern sind eine ganz normale Patchworkfamilie, und das ist hier auch nicht das Thema. Obwohl – wenn Sie wissen, was es heißt, einen erwachsenen Mann am Grill zu erleben, und sich das dann mal zwei vorstellen, genauer gesagt: mal drei, denn der Älteste hat das Grillritual der Mannwerdung auch schon bestanden, nur der Kleine wird noch rumkommandiert, okay, gut, dann schlagen Sie mich ruhig für die Tapferkeitsmedaille vor. Ich finde eigentlich auch, dass ich sie verdient habe.

Meine Lieblingsmänner also standen mit besorgten Mienen um den Grill herum, aus dem beißender und ziemlich schwarzer Rauch aufstieg, der in keiner Weise so roch, wie ich es vom letzten Jahr in Erinnerung hatte. Daneben ein zusammengeknüllter, weil leerer Sack Holzkohle. Im Schatten auf einem kleinen Tisch, unter Alufolie geschützt, das Grillgut. Damit hatte ich nichts zu tun. Ich hatte mich um die Beilagen gekümmert, die ich, während ich wartete, eine nach der anderen aufessen (und mit meinem jüngeren Sohn teilen) würde. Dabei durfte ich mich ja nicht erwischen lassen, denn es gibt kaum etwas Schlimmeres, das eine Frau ihrem Mann antun kann, als an seiner Grillkunst zu zweifeln. Grillieren ist eine gleichzeitig hochkomplexe und zutiefst archaische Angelegenheit. Und außerdem eine sehr persönliche. Jeder hat seine ureigene Art, den Säbelzahntiger auszutricksen, das Mammut zu erlegen, sein biologisches Programm zu erfüllen: Fleisch (oder Tofuburger) auf den Tisch zu bringen. Das rührt an die tiefsten Schichten der kollektiven Seele. Und das meine ich ganz ernst.

Es zeugt also von der inneren Größe sowohl meines Mannes wie meines Exmannes, dass sie in der Lage sind, diese heikle Sache gemeinsam anzugehen. Wenn ich sage «gemeinsam», meine ich natürlich nicht «in trauter Einigkeit». Eigentlich waren sie sogar immer genau entgegengesetzter Meinung:

«Die Glut sollte langsam gut sein.»

«Ou! Ou, ou! Nein, noch lange nicht!»

«Gib noch mal den Blasebalg...»

«Ou nein! Ja nicht! Jetzt ja keine Luft!!»

Die Männer diskutierten. Sie blieben höflich, trotz der angespannten Situation. Die Holzkohle war offenbar nicht fachgerecht gelagert worden und deshalb feucht. Und der Sack, wie gesagt, leer.

Die Chipstüte übrigens auch. Die Lage war kritisch. Die Männer machten sich auf die Pirsch, folgten den Rauchzeichen in der Nachbarschaft und kamen schließlich mit ihrer Beute zurück. Holzkohle UND Späne!!

Ich schob die Brille in die Stirn und schaute auf. Fühlte mich wie die Steinzeitfrau, die ihren Mann im Höhleneingang stehen sieht, nur den Schattenriss im Gegenlicht, etwas gebeugt von der Last der erlegten Beute. Stolz. Und noch am Leben. Das vor allem: am Leben.

Ich war gleichzeitig hingerissen und gerührt.

Der Abend war gerettet. Irgendwann gab es sogar etwas zu essen.

Alle Wege führen nach Dielsdorf – irgendwann

Ich habe ihm vertraut. Und das fällt mir nicht leicht. Zu vertrauen. Aber ihm habe ich vertraut. Nicht sofort, aber ziemlich bald. Zu früh, wie sich herausstellen sollte. Er hat mich verraten. Gerade, als ich ihn am nötigsten brauchte. Er hat mich in die Irre geführt, ich möchte sagen: willkürlich. Und natürlich habe ich es erst gemerkt, als es schon zu spät war. Ich war ihm vollkommen ausgeliefert. Und wenn ich sage «ihm», dann meine ich gar nicht, dass es anders herausgekommen wäre, wenn ich «Stimme deutsch weiblich» eingeschaltet hätte. Ich rede von meinem Navigationsdings, das ich an dieser Stelle schon in den höchsten Tönen gelobt habe.

Seit ich es habe, fahre ich manchmal mit dem Auto an Leseorte. Zum Beispiel nach Dielsdorf. Mit den öffentlichen Verkehrsmitteln dauert die Fahrt rund eineinhalb Stunden, mit dem Auto sechsunddreißig Minuten. Ich schaute nicht auf der Karte nach, wo Dielsdorf überhaupt liegt, ich vertraute voll und ganz meinem Zauberkasten mit der allwissenden Stimme. Wie so oft schon. Und das, obwohl Vertrauen, wie gesagt, nicht meine leichteste Übung ist. Wussten Sie, dass diese Dinger Aussetzer haben? Ich war schon auf der Autobahn, da meldete es immer noch: «Kein Signal.»

Ich fuhr ein erstes Mal von der Autobahn runter, um meinen Mann anzurufen, der zu Hause die Karte studierte.

«Es ist ganz einfach, du musst in Dietikon ...»

«Falsch», meldete sich da endlich «Stimme deutsch männlich». «Bitte sofort wenden! Fahren Sie wieder auf die Autobahn! Auffahrt vor Ihnen! Nehmen Sie die Auffahrt!!»

Urdorf. Nein, Moment, nicht Urdorf... Affoltern! Rauf auf die Autobahn, runter von der Autobahn, die Zeit wird knapp, und außerdem ist es schon dunkel. Rechts geht es nach Regensdorf, das klingt irgendwie bekannt, aber Mr. Tomtom schickt mich nach links. Links kommt ein Kreisel. Und auf dem Kreisel sagt er plötzlich nichts mehr. Einfach nichts. Ich fahre im Kreis herum, einmal, zweimal, dreimal. Bis mir schwindlig wird. Und immer noch nichts. Willkürlich nehme ich irgendeine Ausfahrt. Fahre nach Affoltern hinein, halte an der Bushaltestelle, rufe noch einmal zu Hause an. Mein Mann muss jetzt die Telefonnummer der Veranstalterin heraussuchen und sie anrufen, denn ich werde definitiv zu spät kommen. Das ist mir noch nie passiert. Ich hyperventiliere ins Telefon. Ein städtischer Bus taucht hinter mir auf und hupt wütend. Und ich fahre weiter, fluchend, weinend und betend. Das Handy liegt auf dem Boden, immer noch eingeschaltet. Mein Mann macht sich zu Hause ernsthaft Sorgen. Er geht davon aus, dass ich irgendwo an den Straßenrand fahren, zu Fuß die nächste Beiz aufsuchen und von da einen Rettungshelikopter bestellen werde, doch das sagt er der Veranstalterin nicht. Zum Glück nicht.

Ich fahre weiter. In tiefer Dunkelheit und über Land. Ganz auf mich gestellt. Watt, Oberhasli, Niederhasli... Sporadisch werde ich aus dem Kasten aufgefordert, sofort links abzubiegen, doch ich lasse mich nicht mehr austricksen. Links ist nichts.

Doch Dielsdorf ist irgendwo. Irgendwo da draußen.

Diesldorf wartet, und ich werde es finden. Und irgendwann bin ich da, und der Abend wird wunderschön. Ich vergesse meine Abenteuer auf der Landstraße sofort. Die Rückfahrt, sagt man mir, sei ganz einfach, beim Kreisel links statt rechts. Doch da kommt kein Kreisel. Stattdessen fahre ich über einen Pass, so kommt es mir vor, viele Kurven, es ist finster. «Biegen Sie hier links ab!»

Ha! Irgendwann lande ich in Otelfingen, wo mein Bruder wohnt, der aber nicht zu Hause ist. Doch von da weiß ich den Weg – wenigstens ungefähr.

Die Sache mit dem Vertrauen allerdings … da muss ich wieder ganz bei null anfangen.

Das Weiße-Socken-Manifest

Seit zweieinhalb Jahren lebe ich nun im schönen Kanton Aargau. In dem Dorf, in dem mein Mann aufgewachsen ist. Ich kannte es nur von Besuchen. Wir hatten unsere guten Gründe, gerade hierher zu ziehen, wir haben es uns gut überlegt und, ja, es gefällt uns. Ich fühle mich sehr wohl hier. Jedes Mal, wenn ich über das Brunegger Feld nach Hause fahre, geht mir das Herz auf.

Warum ich das so betone? Weil ich, wie ich bereits in der letzten Nummer gestanden habe, die meiste Zeit meines Lebens in Zürich verbrachte. Und von da in ein Aargauer Dorf zu ziehen, das kommt einem mittleren Tabubruch gleich. Sie können sich nicht vorstellen – oder doch? –, was ich von den weltgewandten, toleranten Großstädtern zu hören bekommen habe! «Musst du jetzt immer weiße Socken tragen?» war noch die harmloseste aller Fragen. Wo das wohl herkommt, das mit den weißen Socken? Ich hab jedenfalls noch nie welche gesehen. Doch das Gerücht hält sich hartnäckig. Es gibt Zürcher, die erst ein Visa beantragen wollen, bevor sie uns besuchen, andere, die ganz verloren am Bahnhof Lenzburg stehen, wenn wir sie abholen, mit einer Sonnenbrille auf der Nase und einem Hut tief in der Stirn. «Also, dass ich in den Aargau fahre!», rufen sie dann. «Sag das ja nicht weiter, gell!» Und es gibt tatsächlich solche, die sich schlicht weigern. Eine Bekannte, oder sagen wir, ehemalige Bekannte, hat sich sogar meinen Besuch verbeten: «Nicht dass du mir dann dein Auto mit der Aargauer Nummer in die Einfahrt stellst!»

Nach drei Monaten hatte ich eigentlich genug von den ewigen Rüebliwitzen, aber sie hören und hören nicht auf. Und langsam beginnt es mich zu nerven. Ich fühle mich persönlich angegriffen, wenn zum Beispiel Journalisten fragen, ob mir denn «die Kultur» nicht fehle. Als ob es hier keine gäbe! Da muss man nur einmal das schöne *Schweizer Lexikon der populären Irrtümer* von Franziska Schläpfer zur Hand nehmen. Da steht es gleich auf der ersten Seite: «A wie Aargau. Der Kanton, der als Erster und bis heute mit am großzügigsten Kultur unterstützt.» Und das merkt man durchaus.

Oder neulich, als ich einen Bericht über die veränderten Essgewohnheiten der Schweizer las, über ihre Vertrautheit mit erlesenen Zutaten. Allerdings, nörgelte der Journalist, sei es ja wohl nicht wünschenswert, dass nun «jeder Aargauer» löffelweise teures *fleur de sel* ins Spaghettiwasser schmeiße. Jeder Aargauer? Doch das war gar nicht mal geographisch gemeint. Aargauer war da einfach ein Synonym für Hinterwäldler, für Banause. Woher das kommt? Ich habe keine Ahnung. Vielleicht von all den Aargauern, die in die Stadt gezogen sind und sich so beflissen von ihren ländlichen Wurzeln distanzieren, dass sie im Übereifer Legenden kreieren? Wie die von den weißen Socken? So wie andere sagen: «Wir mussten früher noch zehn Kilometer zu Fuß durch den Tiefschnee in die Schule, und ohne Schuhe!», erzählen die Nouveau-Großstädter: «Und wir mussten weiße Socken tragen!»

Dabei sind die Leute, die hier leben, die, mit denen ich hier zu tun habe, der Hauptgrund, warum es mir hier so gut gefällt. Mehr noch als Natur und Kultur zusammen. Leute, die wissen, wer sie sind. Die nicht krampfhaft versuchen, jemand anderes zu sein. Wer wüsste das mehr zu schätzen als eine Ex-Zürcherin?

Natürlich gibt es auch das: Im vollbesetzten Nachtzug nach Lenzburg neulich grölte eine Gruppe nicht wirklich nüchterner Jungs: «Wir sind Aargauer, wir sind primitiv!» Und stellten diese These auch gleich recht erfolgreich unter Beweis, übertrafen sich in nicht druckreifen Aussagen, während ein (zufällig?) in der Nähe stehendes Mädchen versuchte, sie mit «Jetzt hört aber auf!»-Rufen zu bändigen.

«Was willst du?», gab einer zurück. «Das Leben ist nun mal kein Streichelzoo!»

Genau das ist es. Was ich am Aargau liebe.

Von den Vorteilen, eine Frau zu sein

Ich bin gerne eine Frau. Es gibt nichts Besseres. Meistens wenigstens. Natürlich gibt es auch Momente, in denen ich es leid bin. Wenn ich zum hundertsten Mal gefragt werde, wer sich denn um meine Kinder kümmere, während ich Lesungen bestreite. Oder was mein Mann dazu sage, dass ich «solche» Bücher schreibe. Ob der Schriftsteller Peter Stamm so was auch gefragt wird? Vermutlich nicht, dabei hat der viel kleinere Kinder als ich.

Oder wenn ich abends spät nach dem Zähneputzen mit mir ringe, ob ich mich jetzt wirklich auch noch abschminken muss. Wo ich doch so müde bin. Aber sonst heißt es morgen: «Wie, schon wieder Halloween?» Wär ich bloß ein Mann, denke ich dann, aber natürlich ist mir klar, dass es auch Männer gibt, die Wimperntusche benutzen und das vor dem Schlafengehen bereuen.

Also kurz, an den meisten Tagen bin ich froh, eine Frau zu sein. Und neulich war ich wirklich froh, mehr als froh, geradezu dankbar war ich. Dass ich eine Frau bin. Anderenfalls hätte ich nämlich «d'Fuscht id' Schnurre» bekommen. Und wer will das schon?

Das war auf einem Parkplatz. Beim Aussteigen hatte ich mit der Autotür den neben mir stehenden Wagen berührt. Da ich die Autotür mit sehr wenig Schwung geöffnet hatte, war nichts passiert. Trotzdem klopfte ich an die Scheibe des Nachbarwagens, hinter der ein Herr ins Handy redete, machte eine entschuldigende Geste, wartete einen Augenblick, bis er mir zunickte, und ging dann einkaufen. Als ich zurückkam, stand er mit verschränkten Armen an seine Kühlerhaube gelehnt. Highnoon, dachte ich.

Ob ich wisse, was ich getan hätte?

«Ja», sagte ich, «deshalb hab ich ja an Ihr Fenster geklopft. Ich wollte mich entschuldigen.»

«Entschuldigen?» Er packte meine Ellbogen und zerrte mich zwischen die beiden Wagen, die man beide beim besten Willen nur als Schrottschüsseln bezeichnen konnte. Meine alte Klapperkarre ist auf der einen Seite aufgeschlitzt (eine Mulde stand im Weg), auf beiden Seiten verschrammt (die Vorbesitzerin hatte eine sehr enge Garage) und vorne mit Klebband zusammengehalten (ein neuer Kotflügel lohnt nicht mehr).

Mit dieser Lotterbüchse werde ich oft ausgelacht, vor allem von jungen Leuten. Dafür mutet sie den Besitzer des italienischen Cafés vor meiner Schreibstube geradezu nostalgisch an. «Die darfst du jederzeit vor meinem Lokal abstellen», sagte er. «Solche Rocheln sieht man sonst nur in Italien!»

Oder eben auf diesem Parkplatz. Denn das Auto neben meinem sah auch nicht besser aus. Das ist wichtig, denn wenn ich eine glänzend neue Luxuslimousine mit meiner Lottertür berührt hätte, müsste ich die Geschichte ganz anders erzählen.

So aber ging es weiter: Der Herr suchte sich aus hundert Kratzern, Beulen, Schrammen und Dellen eine aus und erklärte sie zu meiner. Langsam beunruhigte mich sein Verhalten.

«Tut mir wirklich leid», sagte ich vorsichtig und griff schon mal nach meiner Türfalle.

Und er: «Wenn Sie ein Mann wären, hätten Sie jetzt meine Faust in der Fresse!»

Das sagte er ganz ruhig, im ganz normalen Plauderton. Als ob er das jeden Tag sagte. Ein ganz normaler Mann an einem ganz normalen Mittwoch, der es ganz normal findet, mit der Faust zu drohen. Er sagte auch noch, dass er ab jetzt seinen Hund mitnehmen und auf jeden loslassen würde. Der es wagte. Und so weiter.

Ich war froh, dass er den Hund nicht dabeihatte. Ich war froh, dass ich eine Frau bin. Doch meine Hände zitterten so, dass ich kaum den Zündschlüssel ins Schloss stecken konnte.

Schließlich – der Mann hatte schon wieder sein Handy am Ohr und erzählte vermutlich dieselbe Geschichte ganz anders – fuhr ich nach Hause und packte meine Einkäufe aus. Mein Mann wollte sofort ins Dorf hinunterrasen und den «Kerl erwischen» und es «ihm zeigen». Ich konnte es ihm ausreden. Und ich war erst recht froh, dass ich eine Frau bin. Und dass ich beim Bäcker noch Kuchen gekauft hatte.

Die Gattung

Der Schnee schmilzt, und ich denke über die Gattung nach. Damit meine ich nicht die Gattung Mensch und auch nicht Tier, sondern die Gattung, die es macht. Oder eben nicht. Ich habe mich immer gefragt, woher der Ausdruck kommt, und was er bedeutet. Das heißt, nicht immer. Erst in den letzten Jahren. Seit ich wieder in der Schweiz wohne. Seit es wieder ein Thema ist.

Frage: Was macht das für eine Gattung!
Antwort: Das macht keine Gattung.

Der Schnee ist geschmolzen, und die seltsamen weißen Skulpturen in unserem Garten sind verschwunden. Stattdessen ist wieder zum Vorschein gekommen, was sie eigentlich sind, umgekippte Gartenstühle aus Plastik. Nach dem Sommer kam ein Sturm und blies sie um. Niemand stellte sie wieder auf, niemand verräumte sie. Dann kam der Schnee und deckte sie zu, und immer noch passierte nichts. Der Schnee wurde auch nicht geschaufelt, weder in der Einfahrt noch auf der Treppe, eine Schneeschaufel mit gebrochenem Stiel lag ebenfalls unter Weiß begraben.

Ich kaufte eine neue Schneeschaufel. Ich stellte sie bereit. Einmal nahm ich sie auch in die Hand, doch ihr Stiel war gefroren, und meine Hände in Handschuhen klebten an ihm fest. So macht es ja keinen Spaß. Später, dachte ich.

Jetzt ist der Schnee geschmolzen. Die Schaufel ohne Stiel liegt auf dem braunen Gras vom letzten Jahr, daneben die umgekippten Stühle. Ich kann sie aus dem Fenster sehen.

Jeder kann sie sehen.

Das macht wirklich keine Gattung.

Ich weiß. Aber selbst dieses Wissen reißt mich nicht aus meiner Erstarrung. Vielleicht würde es mich mehr beeindrucken, wenn ich wüsste, was es bedeutet. Eine Gattung machen. Vielleicht bin ich auch einfach eine von diesen chronischen Aufschieberinnen, von denen man immer wieder mal in der Zeitung liest. Schließlich habe ich sieben Jahre lang in einer Wohnung gewohnt, in der eine nackte Glühbirne im Flur hing, sieben Jahre lang habe ich mir vorgenommen, eine richtige Lampe aufzuhängen, sieben Jahre ist nichts passiert. In der Zeit, in der ich über die passende Flurlampe nachdachte oder mir vorstelle, wie ich in die warmen Stiefel schlüpfe, Handschuhe überziehe, wie ich in den Garten hinuntergehe und die Stühle aufstelle – und, wenn ich schon dabei bin, gleich auch in den Schopf trage, in den sie eigentlich gehören –, in dieser Zeit könnte ich ein Buch schreiben.

In dieser Zeit schreibe ich ein Buch.

Also gut. Ich ziehe die Stiefel an. Ich gehe zum Briefkasten. Im Paketfach liegt eine DVD: Gesamte Staffel 1 bis 7 ... Kathrin Passig, die mit Sascha Lobo ein Buch mit dem schönen Titel *Dinge geregelt kriegen – ohne einen Funken Selbstdisziplin* geschrieben hat und die erfrischenderweise in einem Interview rät, den Kauf des Buches erst einmal aufzuschieben, beziehungsweise es auf einen Stapel zu legen, alles andere wäre ja widersinnig, Kathrin Passig also hat dieses Phänomen beschrieben:

«Während der Arbeit am Buch habe ich ein neues Blog gegründet und mehrere vollgeschrieben (...) zwölf Berge bestiegen und sämtliche verpassten Serien der Jahre 2002 bis 2008 gesehen. In der Minute der Buchabgabe war es damit vorbei. Es gibt nichts, was ich dringend erledigen müsste, und deshalb fehlt jeder Antrieb, statt des Dringenden andere Dinge zu tun ...»

Genau so geht es mir auch. Aber irgendwie schaff ich doch alles. Alles Wichtige jedenfalls. Vielleicht ist mir die Gattung, die es machen könnte oder sollte, einfach zu wenig wichtig? Andererseits sind diese inneren Debatten darüber, ob ich nun in den Garten runtergehen soll oder nicht, auch langsam eher lächerlich. Tu's doch einfach. Oder tu's nicht. Vielleicht tut's ja jemand anderer.

Spätestens im Sommer, wenn wir wieder auf den Stühlen sitzen wollen, werden wir sie aufstellen. Aber erst einmal verspricht der Wetterbericht Schnee. Er wird sich gnädig über die Gattung legen.

Das Leben der anderen

Als ich neulich hier über die Gattung nachdachte, die es macht oder eben nicht macht, habe ich allerhöchstens an der Oberfläche dieses faszinierenden und respekteinflößenden Phänomens gekratzt. Seiner wahren Dimension bin ich nicht gerecht geworden. Doch Sie haben mich aufgeklärt. Sie haben mich an der Hand genommen und ganz nah an seine Abgründe geführt. Und ich würde mich bei Ihnen bedanken, doch ich stehe noch unter Schock.

Liebe Leserin, lieber Leser, ich hatte ja keine Ahnung!

«Mein Mann sagte das bei jeder Gelegenheit», schrieben Sie. «*Das macht doch kä Gattig!* Ich wusste nie, was er damit meinte.» Andere waren da spezifischer: Nehmen wir das Beispiel Auto. Offenbar macht es keine Gattung, sein Auto vor dem Haus abzustellen. Warum? Weil Auto vor dem Haus heißt, die haben zu viel Geld. Zu viel Geld? Weil man überhaupt ein Auto hat? Oder weil man es so sorglos im Freien vergammeln lässt? Oder weil man damit andeutet, die Garage sei schon voll? Voll mit anderen Autos, eins für jeden Wochentag? Wo soll man das Auto denn sonst stehen lassen? Nicht vor dem eigenen Haus, aber auch nicht vor einem anderen, denn das macht ebenfalls keine Gattung: fremde Autos vor dem Haus. Parkplatz? Vergessen Sie's! Herrje, was sollen die Leute wieder denken, wenn mein Auto den ganzen Tag auf dem Parkplatz vor dem Bahnhof steht! Die Leute, das sind die anderen. Die Wächter über die Gattung. Und was denken diese anderen? Dass ich den ganzen Tag nichts Besseres zu tun habe, als mit dem Zug durch die Gegend zu fahren? Also wirklich! Das macht doch keine ...

... genau.

Wir leben unser Leben unter dem Blick der anderen. Das ist an sich nicht schlimm. Nur dass dieser Blick ein so gnadenloser ist, das hätte ich nicht vermutet. Er macht den Alltag zu einem Hürdenlauf, zu einer Überlebensübung. Plötzlich scheint die Welt voller tückischer Fallgruben, die mit verräterisch lieblichem Laub bedeckt sind, so dass man sie gar nicht sieht. Ich jedenfalls, ich sehe sie nicht, und schon bin ich auf das raschelnde Herbstlaub getreten, das jeden Moment unter mir nachgeben könnte. Und ich falle.

Das abgründigste Beispiel, das Sie mir erzählt haben, ist aber das von den Rollläden. Da gibt es eine Frau, die jeden Morgen um halb sechs (halb sechs!) die Rollläden hochzieht. Weil alles andere keine Gattung machen würde. Also stellt sie den Wecker, steht auf und öffnet die Fensterläden. Damit alle Nachbarn sehen können, dass sie aufgestanden ist. Doch dann legt sie sich noch mal ins Bett. Oder mindestens vermuten das die Nachbarn. Ach, seien wir ehrlich: die Nachbarinnen.

Ich muss sehr erschrocken dreingeschaut haben, denn Sie haben mir schnell erklärt, dass das durchaus seinen Sinn habe, das mit den Läden. Es ist ein sozialer Code, der verhindert, dass Menschen tagelang tot in ihren Wohnungen liegen, unentdeckt und von niemandem vermisst. Das Rauf und Runter der Rollläden beweist immerhin eins: ein lebender Mensch steht am Fenster und zieht sie. Auch wenn sich dieser Mensch nachher wieder ins Bett legt.

Die Fensterläden vor unseren ziemlich großen Wohnzimmerfenstern gehen manchmal bis kurz vor Mittag nicht hoch. Was, so frage ich mich zum ersten Mal, denken meine Nachbarinnen? Dass ich tot bin? Warum tun sie dann nichts? Ist es ihnen etwa egal, dass ich tot bin? Haben sie mich abgeschrieben? Wenn nicht einmal jemand, der jeden Tag um halb sechs aufsteht, um die Rollläden hochzuziehen, so lebt, dass es eine Gattung macht, dann muss man davon ausgehen, dass es unmöglich ist. Eine Gattung zu machen. Unmöglich, und auch nicht wirklich erstrebenswert. Man sollte es aufgeben. Man sollte über jede Fallgrube eine Brücke bauen und das Geländer mit Blumen schmücken. Das Leben könnte richtig Spaß machen. Ist der Ruf erst ruiniert, lebt es sich ganz ungeniert, heißt es nicht umsonst. Das ist ein gutes Motto. Doch dass es dazu nicht mehr braucht als zu spät hochgezogene Läden, finde ich trostlos. Da müsste einem doch etwas Besseres einfallen. Hinter heruntergelassenen Läden von mir aus.

Von der Bedeutung
der Wäscheklammer

Ich weiß, dass ich nichts weiß. Es wird mir sogar immer bewusster. Mit dem, was ich nicht weiß, könnte ich ganze Bände füllen. Aktuelles Beispiel: Die Wäscheklammer und ihre Bedeutung im täglichen Leben. Ein Thema, das eng verwandt ist mit der Waschküche, sozusagen eine Verfeinerung davon, eine Zuspitzung. Die Waschküche an sich ist ein Symbol für die Schweiz, für das Leben in der Schweiz. Ausländern, die mit dem Gedanken spielen, sich in der Schweiz niederzulassen, schenkt man gern das Buch von Hugo Loetscher und erklärt ihnen erst einmal die Sache mit der Waschküche und dem Waschküchenschlüssel. «Das ist die Schweiz», sagt man. Meist glauben sie es nicht. Bis sie eine Weile hier gelebt haben. Dann seufzen sie irgendwann in ein leeres Weinglas und sagen: «Ich hatte ja keine Ahnung.»

Ich auch nicht. Als sich in meinem Freundeskreis herumgesprochen hatte, dass ich in die Schweiz zurückziehen würde, erkundigte sich ein Bekannter besorgt: «Weißt du denn überhaupt noch, wie man Wäsche aufhängt?»

«Ja», hatte ich selbstbewusst und unbeschwert geantwortet, «ja, das weiß ich durchaus, ich habe schließlich die damals nur für Mädchen obligatorische Hauswirtschaftsschule besucht!» Vier Wochen im wunderschönen Unterengadin, das wir zum Leidwesen der Leiterin jedes Wochenende fluchtartig verließen, um unsere Freunde in der hässlichen Stadt mit unseren neuesten Kenntnissen zu beeindrucken: Ein Rindsfilet kann man zwei Stunden lang im Römertopf schmoren und dann einen Schuh damit besohlen. Nähmaschinennadeln gehen glatt durch einen Fingernagel hindurch. Handtücher an der Luft trocknen lassen: Rubbelmassage inbegriffen. Und eben: Die Wäsche hängt man nicht am Sonntag auf, dafür mit System. Unterhosen in die Mitte, dann T-Shirts und ganz außen herum die Leintücher, die die privateren Wäschestücke vor zudringlichen Blicken schützen. Deshalb sollten sie auch möglichst keine Löcher haben.

Ich hatte also alles im Griff. Oder das dachte ich zumindest. Bis mir neulich eine Leserin folgende Geschichte erzählte: Als sie als junge Hausfrau in einen Block mit vierundzwanzig Wohnungen zog, wurde sie selbstverständlich genauestens instruiert: Wann und unter welchen Bedingungen sie Zutritt zur Waschküche hat, wie sie die Maschine benutzen soll und wie sie den Raum zu hinterlassen hat. So weit ganz normal. Wenigstens für uns. Die Instruktion ging aber noch weiter: Auch der Einsatz der Wäscheklammern wurde ihr genau vorgeschrieben. Anzahl der Klammern pro Wäschestück und genaue Positionierung derselben. Und das, obwohl dank streng strukturiertem Plan niemand anderes die Waschküche betreten würde, wenn sie gerade «dran» war. Niemand würde sehen, wie sie die Wäsche aufgehängt hatte. Theoretisch könnte sie sie in einem unordentlichen feuchten Haufen auf den Boden werfen, ohne dass es je irgendjemand erfahren würde. Die Wände der Waschküche sind stumm. Sie behalten so manches Geheimnis für sich. Aber nein. Die Wäscheklammer und ihre Handhabung waren Teil der schriftlichen Waschküchenordnung!

Als ich diesen Brief las, wurde mir schwindlig. Ich musste mich setzen. Die Wäscheklammer! Keinen Gedanken hatte ich bisher auf sie verwendet. Ich werfe die Wäsche einfach über die Leinen, und wenn sie dann einen hässlichen Abdruck quer über der Brust haben, fahre ich kurz mit dem Bügeleisen drüber. Wäscheklammern sind hässlich, mühsam, sie fallen auseinander, sie beißen einen in die Finger und sie verstecken sich gern. Doch irgendetwas musste wohl dran sein.

«Wie stehst du zur Wäscheklammer?», fragte ich herum. Und ich musste feststellen: Jeder kennt sie. Jeder benutzt sie. Und neulich verstand ich endlich auch, warum. Als ein Windstoß durch unseren Garten fuhr, die schweren Leintücher flattern ließ, ein paar kleinere bunte Wäschestücke in der Mitte erfasste und mit Schwung in der ganzen Nachbarschaft verteilte. Wo ich sie dann wieder zusammensammeln musste. Das war ein Büßerinnengang, den ich niemandem wünsche. Und seither benutze ich die Wäscheklammer mit religiöser Andacht.

Die Farben des Regenbogens

Warum ich mich nicht zur EuroPride, der zweitägigen Feier von vierzig Jahren Kampf für die Rechte Homosexueller geäußert hätte, fragte die Leserin Z. enttäuscht, in meinen Büchern kämen doch immer auch Homosexuelle vor, und da hätte ich doch die Gelegenheit nutzen und meine Solidarität kundtun können!

Das hole ich hiermit nach und bringe zu meiner Entschuldigung vor, dass mir gar nicht bewusst war, dass es die noch braucht, meine oder sonst jemandes Solidarität.

Ist das wirklich noch ein Thema? Die Schweiz kann sich doch neben meiner anderen Heimat, dem unerschütterlich toleranten San Francisco, durchaus sehen lassen: Unsere beliebtesten Fernsehmoderatoren sind schwul, die Präsidentin unserer größten Stadt lesbisch. Und niemand regt sich ernsthaft darüber auf. Oder doch?

In meinen Büchern kommen regelmäßig Homosexuelle beiderlei Geschlechts vor, doch das hat nichts zu bedeuten. Es gibt sie einfach, im Leben, in den Büchern, wie es Rothaarige gibt. Auch die hat man früher verfolgt, und dann ist man gescheiter geworden.

Die sexuelle Orientierung eines anderen Menschen ist nur dann von Bedeutung, wenn man selber an diesem Menschen interessiert ist. Dann allerdings, dann wird es sehr wichtig, dann kann es sogar lebenswichtig werden. Aber sonst?

Doch zufällig habe ich am selben Tag, an dem mich die

schriftliche Mahnung meiner Leserin Z. erreichte, die Leserbriefseite im *Migros Magazin* gelesen. Dieses hat, im Gegensatz zu mir, den eingangs erwähnten Anlass nicht verpennt, sondern ihm einen wunderbar vielseitigen Artikel gewidmet. Es stellte ganz einfach unterschiedliche Menschen vor, die unterschiedliche Leben führen, unterschiedliche Ansichten haben; alte, junge, alleinlebende, verheiratete und solche mit Familien. Homosexuelle wie du und ich also. Die Leserbriefe waren mehrheitlich positiv, nur einer fragte beleidigt, ob er jetzt nicht mehr in der Migros einkaufen dürfe, nur weil er «keine Schwuchtel» sei. Einen Moment lang fragte ich mich, ob es sich bei dem Schreiber etwa um meinen ehemaligen Deutschlehrer handelte, der uns damals mit der Frage verwirrte, ob die Shakespearesche Theaterfigur Hamlet denn «kein Mensch» gewesen sei, sondern «bloß ein Schwulinski»? Doch der ist schon lange tot, der Deutschlehrer, und ich dachte, seine Ansichten seien mit ihm gestorben. Eine andere Leserbriefschreiberin stellte betroffen fest, dass die porträtierten lesbischen Frauen offensichtlich keinen Zugang zu ihrer Weiblichkeit hätten und deshalb als Mütter ungeeignet seien. Die Frauen waren ungeschminkt, kurzhaarig, und es ist anzunehmen, wenn auch auf dem Bild nicht zu erkennen, dass sie flache Schuhe trugen. Das erinnerte mich daran, wie ich letzten Sommer mit einer Freundin aus Kalifornien ein Volksfest bei mir in der Gegend besuchte. Es gab Musik und Festbänke und Würste vom Grill. Meine Freundin schaute sich um und seufzte glücklich: «Du lebst ja im Paradies! Noch nie hab ich so viele lesbische Frauen auf einmal gesehen!» Ich folgte ihrem Blick: überall sportliche, attraktive Frauen in fescher Outdoorbekleidung und

Sandalen, mit denen man notfalls einen Bach durchqueren könnte. Gutgeschnittene Frisuren, dezent geschminkte Lippen. Doch ich kannte einige dieser Frauen, deshalb musste ich meine Freundin enttäuschen: «Tut mir leid», sagte ich, «die sind mehrheitlich einfach praktisch, sportlich, unkompliziert.» Und die Frauen an unserem Tisch, die das mitbekommen hatten, lachten schallend über dieses Missverständnis. Vorurteile holen einen eben immer ein, egal von welcher Seite.

Doch das eine schließt das andere nicht aus, und so lernte meine Freundin an diesem Nachmittag tatsächlich noch eine nette, sportliche, lesbische Frau kennen, die sich von den netten, sportlichen, heterosexuellen Frauen in nichts unterschied, außer eben in ihrem Interesse für meine Freundin. Sie verbrachten dann auch den Rest des Wochenendes zusammen, mehr weiß ich nicht, mehr brauche ich auch nicht zu wissen.

Wenn ich eine Botschaft hätte, wäre es die: Gehen Sie raus und umarmen Sie einen Homosexuellen oder eine Homosexuelle – und erzählen Sie mir jetzt nicht, Sie kennen keine!

Warum einfach,
wenn es auch anders geht?

Ich hasse diese Abzweigung mitten in unserem Dorf. Die Straße kurvt scharf nach rechts, aber abbiegen muss ich links. Wie, bitte, soll denn das gehen? Was, wenn mir von der anderen Seite jemand entgegenkommt? Wenn es irgend geht, fahre ich einen anderen Weg, aber meist geht es nicht, weil der andere Weg von großen Baumaschinen, Baggern und Lastwagen versperrt oder ganz aufgerissen ist. Also durchs Dorf. Hundert Meter vor der Abzweigung fange ich an zu schwitzen, mulmig wird mir, ich fluche, verlangsame zu einem Schleichen, hinter mir hupt es, ich verlege mich aufs Beten, ich setze zu einem großen Bogen an, um die Kurve zu sehen. Scheint frei zu sein – ich kneife die Augen zu und trete mutig aufs Gaspedal. Jedes Mal wundere ich mich, dass ich heil auf der anderen Seite angekommen bin. Und ich frage mich, wie das die anderen wohl machen. Selbstbewusst kurven sie durchs Dorf, als wäre das alles nichts. Muss man hier aufgewachsen sein, die Abzweigung vom Schulweg an verinnerlicht haben, dass sie ihren Schrecken verliert?

Nun saß neulich mein Mann, der tatsächlich hier aufgewachsen ist, neben mir im Auto – und nein, er ist keiner dieser ewig nörgelnden Beifahrermänner, obwohl ich ihm weiß Gott Grund genug dazu gäbe. Schließlich habe ich erst im hohen Alter von sechsunddreißig Jahren Autofahren gelernt, in Amerika, wo es anders nicht ging. Autofahren lernt nicht umsonst mit Vorteil, wer jung ist, wenn man sich noch unverwundbar fühlt. Mit sechsunddreißig ahnt man schon die eigene Sterblichkeit, und sitzt man erst einmal am Steuer, wird die Ahnung zur Gewissheit. Jeder Spurwechsel, jede Autobahneinfahrt, jede unbeschilderte Kreuzung gibt Anlass zu Nahtoderfahrungen und Schreckensvisionen. Manches Mal bin ich, den Tränen nahe, an den Straßenrand gerollt, habe den Motor abgewürgt und «Fahr du!» gerufen. Am einen oder anderen Rotlicht bin ich sogar einfach ausgestiegen und weggelaufen. Mein Mann hat das alles ziemlich klaglos ertragen. Dann entschloss ich mich, Judy Anns Kurs für «Furchtloses Fahren» zu besuchen, und seither geht es. Seither fahre ich sogar ganz gern. Und mein Mann sitzt gelassen neben mir. Einmal ist er auf dem Beifahrersitz sogar eingeschlafen.

Jedenfalls, an diesem Nachmittag auf der Abzweigung mitten in unserem Dorf, als er mich schwitzen, fluchen, zögern sah, da fragte er dann doch, ganz sachlich und ohne Unterton: «Warum schaust du denn nicht in den Spiegel?»

«Den Spiegel?» – «Da oben.» Er musste mit dem Finger drauf zeigen. Tatsächlich. Da hing er, strategisch platziert, mein verlängerter Blick aus der blöden Kurve hinaus und auf die Gegenfahrbahn. Ein Wunder.

Der Spiegel war leer. Ich bog ab. So einfach.

Es ist fast unmöglich, hier keine Parallelen zu ziehen. Zum Leben an und für sich, das man sich so oft so unnötig schwermacht. Zu allen anderen, von denen man immer meint, sie schafften mühelos, was einem selbst so schwierig erscheint. Dabei haben sie vielleicht einfach Hilfe. Hilfe, die einem auch zur Verfügung stünde. Man müsste sie nur in Anspruch nehmen. Nein, zuerst müsste man richtig hinschauen, man müsste wissen, wo hinschauen, wo man Hilfe erwarten kann ... und so weiter.

Mein Mann, er sei hiermit heiliggesprochen, sagte nichts mehr. Kein Wort. Wir fuhren nach Hause und luden unsere Einkäufe aus. Vielleicht ist das auch schon alles, vielleicht gibt es keinen größeren Zusammenhang, vielleicht ist es nur eine Abzweigung, die keine Angst mehr macht, ein Heimweg, der einfach geworden ist, ein Dorf, das aufatmen, ein Transitverkehr, der entwarnt werden kann. Vielleicht ist das Wunder genug für einen Tag.

Strafe muss sein.
Eine Kolumne mit Katzen

Die Liste meiner Verfehlungen ist lang und wird immer länger. Ich nenne hier nur gerade die letzten beiden. Ich war ein paar Tage verreist. Und ich habe das falsche Futter gekauft. Im 5,4-Kilo-Sack. Das mag vergleichsweise harmlos klingen; wer den Fernseher einschaltet, kann von weit schlimmeren Sünden erfahren, und wer im Beichtstuhl auf der richtigen Seite sitzt vermutlich auch. In meinem Haus aber stehen auf diese beiden Vergehen die Höchststrafe: Verweigerung.

Verweigerung von allem.

Ich komme nach Hause, beide Katzen liegen in verdächtiger Eintracht zusammengerollt auf der Fußmatte vor der Haustür. Home, sweet home! Das Herz geht mir auf. Die Katzen lassen sich nichts anmerken. «Luluuuuuuuu», rufe ich, «Fuzzy!» In dieser hohen Stimme, die nur den Katzen gehört. Welche sich nicht rühren. Kein Augenlid hebt sich. «Habt ihr mich vermisst?» Nichts. Ich lasse die Koffer fallen, gehe in die Knie. In das weit offene Herz tropft Säure. Fuzzy, die Kleine, noch nicht ganz so Coole, sieht aus, als wollte sie sich in meine ausgestreckte Hand schmiegen. Doch Lulu, die den Ton angibt, steht auf. Langsam und mit steifen Beinen. Als koste sie jede Bewegung mehr Kraft, als sie eigentlich hat. Oder wegen jemandem wie mir aufbringen will, jemandem, der in ihren Augen jede Existenzberechtigung verloren hat.

Wer keine Katze hat, weiß nicht, was Liebesentzug heißt.

Nie habe ich mich kleiner gefühlt, alleiner. Und dabei halte ich mich für eine Expertin in Sachen gebrochene Herzen – nicht zufällig der Titel meines ersten Buches. Es mag lange her sein, aber diese Art von Schmerz vergeht nicht ganz, nie. Beziehungsweise, das dachte ich, bevor ich Katzen hatte. Menschenliebe, Menschenschmerz, pah! Kein Mann (und vermutlich auch keine Frau) kann einen verachten, links liegenlassen, strafen, wie eine Katze das kann. In einer meiner Lieblingsserien kam der wunderschöne Satz vor: «Irgendwo gibt es ein Land, das heißt Passiv-Aggressivia – und du bist seine Königin!» Dieser Satz könnte direkt für meine alte Königin Lulu geschrieben worden sein, die sich nicht dazu herablassen würde, mich direkt anzufauchen oder gar zu beißen, nein. Sie straft mich mit der ungerührtesten Verachtung, die man sich vorstellen kann, einer Verachtung, die sich nicht einmal die Mühe macht, kalt zu sein.

Nun gut. Ich bin wieder zu Hause. Menschliche Familienmitglieder freuen sich. Umarmen mich. Ich packe Geschenke aus. Mein Mann kocht Spaghetti, wie immer, wenn ich nach Hause komme oder müde bin oder Trost brauche oder einfach Hunger habe. Mein Sohn, der keine Teigwaren mag, stöhnt. Ein wahres Idyll. Ich könnte glücklich sein, wenn nicht die Abwesenheit von Katzenschnurren geradezu in meinen Ohren dröhnen würde. Trotzdem kann ich es nicht lassen. Jedes Mal, wenn sich eine der Katzen zeigt, versuche ich, sie zu locken, sie zu streicheln. Geradeso gut könnte ich mein Herz in Salzsäure dippen, wieder und wieder.

Nachts liege ich wach. Jetlag und Schuldgefühle. Plötzlich ein Geräusch. Ein Elefant, der durch den oberen Stock trampelt. Ein Erdbeben. Etwas kracht. Ich stehe auf, gehe nach oben, rutsche auf harten Kügelchen aus. Das verhasste Futter liegt über den Boden verstreut, der 5,4-Kilo-Sack mit der ganzen Katzenkraft der Verachtung aus dem Schrank gerissen, ausgeleert, durch die türenlosen Räume verteilt.

Ich gehe in die Knie. Ich wische auf. Ich tue Buße. Und am nächsten Tag ist es, als sei nie etwas gewesen. Ich kaufe neues Katzenfutter. Lulu streicht um meine Beine. Alles ist wieder gut. Solange ich meine Lektion gelernt habe.

Willkommen in der Schweiz!

«Hopp Schwiiz» steht auf einem Transparent, das von zwei strahlenden Frauen hochgehalten wird. Sie stehen hinter einem Tisch, der mit einem roten Papiertischtuch gedeckt ist. Ein angeschnittener Laib Käse steht darauf, eine kiloschwere Tafel Schokolade, ein selbstgebackener Zopf und eine Reihe von Plastikbechern, die mit Ovomaltine gefüllt sind. Allein der orangefarbene Schriftzug auf den Bechern löst Heimatgefühle aus. Es fehlte nur noch eine Büchse Aromat und alles, was der Schweizer im Ausland vermisst, wäre auf diesem Tisch präsentiert.

Kuhglocken bimmeln, Handys klingeln, schrille Frauenstimmen schreien «Huhu!», und irgendwo heult ein Kind. Gepäckwagen verkeilen sich ineinander, in Zellophan verpackte Rosen werden fallen gelassen und zertrampelt. Die Schiebetüren öffnen sich lautlos, die Ankommenden sind braungebrannt oder bleich, aufgekratzt oder müde, sie stemmen sich gegen ihre schwerbeladenen Gepäckwagen, sie sind mit Souvenirs behängt: großen Hüten aus Mexiko, Blumenkränzen aus Hawaii. Liebespaare fallen sich noch im abgesperrten Bereich in die Arme, die Ankommenden bahnen sich mühsam einen Weg um sie herum. Hie und da läuft jemand ins Leere. Bleibt verloren in der Halle stehen, schaut sich um, kontrolliert sein Handy, wartet lange, aus den Augenwinkeln beobachtet von den Limousinenfahrern in ihren schwarzen Anzügen, die Schilder hochheben, auf denen «Mr. Livingston» steht, und «Mr. Yang». Sie stehen jeden Tag hier, sie haben alles schon gesehen, sie kann nichts mehr überraschen.

Hinter dem reichgedeckten Tisch der beiden Frauen hat sich jetzt eine fröhliche Gruppe versammelt, die einen langen schon zu, greifen nach den Käsestücken, Zopfscheiben, Ovomaltinebechern und werden von den Frauen zurechtgewiesen. «Lass doch etwas für den Köbi übrig!», rufen sie.

Ich rücke ein bisschen näher. Versuche, ihre Gespräche mitzuhören. Wer ist Köbi? Ein Auswanderer, der für einen Sommer zurückkommt, so wie wir es jahrelang getan haben? Oder für immer? Ich weiß noch, wie wir vor drei Jahren zurückkamen. Was ich als Erstes wollte: ein Gipfeli. Ein Schweizer Gipfeli, das anders, luftiger, knuspriger schmeckt als die Croissants und Hörnchen anderswo. Kann es sein, dass nicht nur die Liebe, sondern auch das Heimatgefühl durch den Magen geht?

Ein Reisender, der zum ersten Mal durch diese Schiebetür in die Ankunftshalle der Schweiz tritt, könnte irgendwo auf der Welt sein. Wenn nicht die Kuhglocken wären, die Schweizerfahnen und vor allem der Tisch der beiden Frauen, der sich unter dem Besten, was die Schweiz zu bieten hat, biegt. «Das ist die Schweiz», könnte man zum Reisenden sagen. «Versuch mal. Ein Stück Zopf mit Emmentaler Käse, ein Schluck Ovomaltine. Na, was sagst du nun?»

Aus Gesprächsfetzen setze ich zusammen, dass Köbi sich in Thailand eine Frau geholt hat – aber nicht etwa «so eine». Der Freundeskreis ist geteilter Meinung, aber die, die da sind, allen voran seine beiden Schwestern, sind wild entschlossen, dem Paar ihre Solidarität zu beweisen. Die

Frau in der Schweiz willkommen zu heißen. «Welcome to Switzerland», steht denn auch auf ihrem Transparent.

Ich hätte gern gesehen, wie Köbi und seine Braut ankommen, doch da tritt mein erwachsener Sohn durch die Schiebetür. Ich weiß noch, wie er, als er das erste Mal allein geflogen war, von der Flugbegleiterin gefragt wurde, wo denn jetzt sein Mami sei. Und er, in tödlicher Verlegenheit, auf mich zeigte: «Es ist die, die heult!» Heute trägt er das mit Fassung. Klopft mir nachsichtig auf die Schulter. Wir gehen zum Ausgang, am Schweizer Tisch vorbei.

«Zopf», sagt er, «das hab ich vermisst.» Und ich dich, denke ich.

Menschen sind Heimat und Köbis Schwestern die Schweiz.

Frau am Grill

Letztes Jahr um diese Zeit habe ich von meinen Männern und ihrem Verhalten am offenen Feuer berichtet und die These aufgestellt, dass Grillieren eine urmännliche Tätigkeit ist und die Leidenschaft, mit der sie ausgeübt wird, an die tiefsten Schichten der Geschlechterrollen rührt. Dieses Jahr nehme ich alles zurück.

Schuld daran ist ein Besuch meiner Freundin Sib. Wir kennen uns schon lange, wir haben viel zusammen erlebt, doch an diesem Nachmittag lernte ich eine ganz neue Seite von ihr kennen. Ich würde sie gerne die Grillfee nennen, diese Version meiner Lieblingsfreundin, doch das trifft es nicht, es war viel eher eine Grill-Superheldin, die da zum Vorschein kam.

Angefangen hatte alles damit, dass mein Mann plötzlich wegmusste. Das passiert immer wieder mal. Ich aber hatte für den geplanten Grillnachmittag bereits alles eingekauft, deshalb rief ich Sib an: «Weißt du, wie man einen Grill anwirft?»

Ich hörte sie am andern Ende scharf einatmen. Nicht aus Empörung über meine Erfahrungslücke und auch nicht aus Mitleid, nein. Ihre innere Grillflamme war entzündet. «Ob ich das kann?», fragte sie zurück. «Du hast ja keine Ahnung!» Sie stellte mir ein paar sehr gezielte Fragen, schloss aus meinen Antworten, dass ich keine große Hilfe sein würde, und verkündete deshalb, sie würde alles Nötige selber mitbringen. Anzündwürfel, Brandbeschleuniger, einen

Haarföhn – nein, so was haben wir nicht im Haus, sehen Sie sich doch mein Foto an! – und ein Verlängerungskabel.

So stand sie in der flimmernden Nachmittagshitze an der Bushaltestelle, den Föhn wie eine Waffe an der Hüfte. Sie sah aus wie eine Superheldin in geheimer Mission, zu allem entschlossen. Dazu trug sie übrigens ein grünes Sommerkleid und Stöckelschuhe, was ich nur deshalb erwähne, damit niemand denkt: Na ja, Mannsweiber am Grill!

Normalerweise hätten wir uns zu Hause erst mal gemütlich hingesetzt, ein Glas Wein getrunken, ein bisschen geplaudert. Nicht an diesem Tag.

«Wo ist er?», fragte sie.

«Wer?» Ihr Blick wurde stählern. «Ach so, der Grill! Sorry – hier.»

Sorgfältig untersuchte sie das Gerät und den Kohlevorrat. Sie schrubbte den Rost blitzblank und kommandierte mich dann zum Gemüserüsten ab. Beim Anfeuern assistierte ihr mein Sohn, der alles für Sib tun würde, seit sie gedroht hat, mir die Freundschaft aufzukünden, sollte ich ihm das Töfflifahren verbieten. Ich schälte und rüstete und schaute ab und zu durchs Küchenfenster. Mein Sohn rannte hin und her, führte widerspruchslos Befehle aus. Kein schwarzer Rauch, kein beißender Gestank. Sib hatte alles unter Kontrolle.

«Das Grillgut!» Keuchend stand mein Sohn vor mir. Ich reichte ihm Würste und Fleisch, noch eingepackt. Er zögerte: «Sie hat etwas von Marinade gesagt...»

«Milena!», kam der Ruf aus dem Garten. Ich rannte. Ich salutierte. «Hier!»

Sie händigte mir eine Liste aus. Alufolie, Olivenöl, Kräuter, Senf... «Zeitplan?»

«Zeitplan?»

«Wann ist die Beilage fertig», präzisierte sie. «Damit ich die Glut timen kann!» Die Glut timen? Mein Mann hatte mich immer im Glauben gelassen, die Glut sei eine Schicksalsmacht, von Menschenhand nicht zu bestimmen.

«Pah!», machte Sib und schwang den Föhn am Kabel wie einen Colt.

Sie marinierte das Fleisch, wickelte es ein und wieder aus. Richtete den heißen Luftstrahl auf die Kohlen und von ihnen weg. Minutengenau wurde das Fleisch gegart und kam exakt zum vereinbarten Zeitpunkt auf den Tisch. Eine Aktion von militärischer Präzision. Das Fleisch war noch nie so zart, und ich war noch nie so überwältigt.

Als wir uns das nächste Mal sahen, regnete es. Und alles war wieder wie immer. Wir saßen ganz gemütlich zusammen, redeten, lachten, tranken Wein. Allerdings werde ich meine Freundin nie mehr mit denselben Augen sehen. Jetzt, wo ich weiß, welch eine Superheldin in ihr steckt: Sib, das Grill-Girl.

Die Kosten-Nutzen-Klage

Das ist doch kein Leben, dachte ich, etwas theatralisch, wie immer, wenn ich müde bin. So kann ich nicht leben! Immer in Eile. Immer verplant. Mit einer Liste im Kopf, deren Abhaken Punkt für Punkt über mich bestimmt, einer Liste, die mir den Lebenssinn geradezu ersetzt. Die Liste in meinem Kopf entscheidet, dass die Zeit nicht mehr reicht, den Einkaufswagen dorthin zurückzubringen, wo ich ihn gefunden habe. Mit zackigem Schritt habe ich das Wägelchen immerhin schon quer über den Parkplatz zu einer Schlange von seinesgleichen geschoben, nur um zu entdecken, dass ich mich getäuscht hatte, dass es zu diesen älteren Modellen nicht passt. Das Schloss schnappt nicht ein, spuckt den Zweifränkler nicht wieder aus. Um diesen wieder zu bekommen, müsste ich ins Einkaufszentrum zurückhasten, mit der Rolltreppe in den ersten Stock fahren, zum Eingang des Supermarkts hetzen, wo die modernen Kollegen meines Wägelchens in Habachtstellung warten. Schätzungsweise sechs Minuten würde ich auf meinen ohnehin schon knapp berechneten Plan einbüßen, der von einer Mittagessenszubereitungszeit von zwölf Minuten ausgeht, zwölf Minuten, von denen man wirklich nicht eine mehr abzwacken kann. Andererseits, zwei Franken sind zwei Franken. Wer den Zweifränkler nicht ehrt, ist seine Pflichtenliste nicht wert. Für zwei Franken konnte man eine Schachtel Zigaretten kaufen, als ich anfing zu rauchen. Ich vergesse es immer. Ich rauche ja gar nicht mehr.

Ich rechnete Zeit gegen Geld und ließ den Einkaufswagen stehen. Der nächste abgehetzte moderne Mensch würde sich vielleicht für den Bruchteil eines Augenblicks über die eingesparte Münze freuen, bevor auch er mit zackigen Schritten weiterhastete, seine eigene Liste schon in der Hand. Staubsauger zurückbringen, abhaken. Petflaschen entsorgen und Milchflaschen, abhaken. Lebensmittel, Reinigung, Apotheke, abhaken. Lottoschein.

Der Grund für meine Erschöpfung war nicht der Einkaufswagen und nicht der Zweifränkler. Die innerliche Revolte gegen die Liste, die mein Leben bestimmt, war von einem Verkaufsstand ausgelöst worden, der neben der Rolltreppe aufgebaut war. Zwei nett aussehende Frauen standen davor und streckten mutig Broschüren in den reißenden Fluss der Vorbeieilenden hinein. Hinter ihnen stand ein Bett mit vielen Kissen, weiß bezogen, ein paar Teddybären saßen darauf.

Am liebsten hätte ich mich in dieses Bett und zu den Bären gelegt. Zwei Schritte weiter bot eine Handleserin ihre Dienste an, oder legte sie Karten?, ich weiß es nicht mehr, zu schnell eilte ich an ihr vorbei, es saß auch schon jemand vor ihr, jemand, der mehr Zeit hatte als ich. Jemand, den ich einen Augenblick lang heftig beneidete, um sein Leben ohne Liste, um seinen Zeitplan, der ihm erlaubte, sich zwischen Wocheneinkauf und Parkplatz noch in Ruhe die Zukunft vorhersagen zu lassen. Ich wollte mit ihm tauschen. So kann ich nicht leben, dachte ich, und ich nahm mir vor, mir bald einen Vormittag von meiner Liste freizunehmen und ihn im Einkaufszentrum zu verbringen. Ich würde mich ins Café setzen und dann ein großes Tablett den Auslagen der Selbstbedienung entlangschieben, lange vor den Canapés stehen bleiben und deren Belag mit wissenschaftlicher Genauigkeit studieren – Eiersalat oder lieber Sellerie, bis hinter mir die Schlange unruhig würde, dann würde ich leise den Kopf schütteln und etwas von der Hetzerei des modernen Lebens murmeln. Dann würde ich auf einer Bank in der Sonne die Zeitung lesen und ab und zu aufschauen und über den Parkplatz blicken. Die Handleserin würde mir zuallermindest vorhersagen, wo ich meinen Zweifränkler zurückbekäme. Es wäre ein perfekter Vormittag.

Ich bin auch ein Groupie

Es war ein schlechter Tag. Verschiedene Ärzte hatten bedrohlich klingende Nachrichten auf den Anrufbeantwortern gleich zweier meiner Freundinnen hinterlassen. Meine Mutter steckte irgendwo zwischen Deutschland und der Schweiz in einem Zug fest. «Personenunfall am Geleise», hatte es geheißen, ein Begriff, der das Schlimmste befürchten lässt. Bei dem man gleich an Selbstmord denkt und an traumatisierte Zugführer. Jemand murmelte etwas von «vertschlirpten» Bahnarbeitern, was meine Mutter auch nicht gerade beruhigte. Ich selber war auf dem Weg zu einer Beerdigung. Das war an sich kein tragisches Ereignis. Ein Onkel war in hohem Alter und nach einem ausgefüllten Leben gestorben. Überhaupt, und das hatte ich meinen Freundinnen auch gesagt, «stirbt mir selten jemand». Und noch seltener vor seiner Zeit und gegen seinen Willen. «Das fehlte grad noch», sagte ich, «dass eine von euch die Ausnahme ist!» Als ob ich einen privaten Pakt geschlossen hätte mit dem Tod. Als ob der mit sich verhandeln ließe.

In Zürich musste ich umsteigen. Und da geschah es, dass genau zu diesem Zeitpunkt ein Engel erschien, mitten an der Bahnhofstraße und in der fülligen Gestalt des französischen Schauspielers Gérard Depardieu. Dieser besitzt nämlich auch einen Weinberg und hatte sich genau diesen für mich nicht so tollen Tag ausgesucht, um im Warenhaus Globus seine Weinflaschen zu signieren. Mit einem goldenen Stift. Das konnte kein Zufall sein. Ich beschloss, einen

Zug auszulassen. Dazu muss ich vielleicht erklären, gestehen, dass ich für Gérard Depardieu schwärme, seit ich denken beziehungsweise mir französische Filme ansehen kann. «Die Frau nebenan», sage ich nur. Und dann seufze ich. Behaltet eure Brad Pitts und Orlando Blooms und lasst mir den dicken Depardieu! Dessen Bauch das pralle Leben verkörpert, ein Bollwerk gegen den Tod. Depardieu, der einst zu einer Journalistin sagte: «Es gibt da eine tiefe Sehnsucht, die meiner Natur absolut entspricht und der ich bisher noch nicht nachgegeben habe. Ich möchte drei Monate lang sturzbetrunken sein. Und dann einfach explodieren.» Depardieu ist das Leben selber, das chaotische, laute, das nicht immer gesunde. Depardieu ist das Gegengift. Gegen Selbstmörder, Beerdigungen, schlechte Nachrichten. Depardieu ist genau das, was ich in genau diesem Moment brauchte.

Nun gut. Ich stand in einer Schlange, die sich mehrheitlich aus Frauen zusammensetzte. Viele trugen Schwarz. Vielleicht hatten sie alle einen schlechten Tag. Wir warteten. Manche nahmen ihre Handys hervor, um die Weinflaschen abzublitzen. Ich hatte kein Handy dabei. Wir warteten, und dann kam er. Wie alle Schauspieler ist er kleiner, als man denken würde. Sein Gesicht war sehr rot. Er setzte sich auf eine Art Thron. Die Schlange ruckte stetig vor. Knapp vor dem Signiertisch die Weinflaschen. Nun weiß ich nichts über Wein, außer, dass ich ihn gern trinke. Ich suche ihn meist nach der Etikette aus, in diesem Fall hätte ich also die Flasche genommen, auf der «Confiance» stand, Vertrauen, Selbstvertrauen, das kann schließlich nie schaden. «Der muss aber noch drei Jahre lagern», warnte der Experte, und so nahm ich den andern, den ich noch am selben Abend trinken wollte, ich glaube, er hieß ganz einfach «Depardieu».

Schließlich stand ich vor ihm. Hielt ihm die Flasche hin, seine Fingernägel waren abgekaut. Ich hätte mir vorher überlegen sollen, was ich zu ihm sagen würde. Jetzt war es zu spät. Ich sagte nichts. Er schaute auf, er sagte: «Madame.»

Dann war es vorbei.

Der Wein war hervorragend. Drei Sorten Trauben konnte man erkennen, und Noten von Kaffee und Schokolade. Nicht ich, aber die andern. Der Zug, in dem meine Mutter saß, fuhr irgendwann im Bahnhof ein, und die Ärzte riefen zurück und relativierten die schlechten Nachrichten.

In derselben Nacht erschien mir im Traum der Tod, der mich daran erinnern wollte, dass man mit ihm nicht verhandelt, und er sagte streng zu mir: «Madame!»

Eifersucht

Oh, dieser Schmerz! Wer kennt ihn nicht. Er bohrt sich in die Eingeweide, er knallt gegen die Kniescheiben, so dass sie einknicken. Man ringt nach Luft, man würgt. Der Boden reißt auf. Alles dreht sich. Alles verschiebt sich. Und wo eben noch Gewissheit war, tut sich ein Abgrund auf.

Man wurde abserviert. Ersetzt. Man wird betrogen. Das geliebte Wesen zieht jemand anderen vor. Wie oft hat man das schon erlebt, wie oft muss man es noch durchmachen? Die beste Freundin, die sich auf dem Schulweg plötzlich bei einer anderen unterhakte und mit schwingendem Pferdeschwanz vorbeihüpfte, ohne auch nur einen Blick zu verlieren. Der mit schweißnassen Händen unter dem Pult entfaltete erste Liebesbrief, der in Wirklichkeit an die Sitznachbarin gerichtet war, was man vor lauter Aufregung erst beim zweiten Lesen merkte, nachdem man schon mit roten Apfelbäckchen ein «Ja!» in die Richtung des Schreibers gehaucht hatte, ein «Ich dich auch!», das einen für den Rest des Schuljahrs zum Lachobjekt machte. Der ... muss ich wirklich weiter ausführen? Weitere herzzerreißende Beispiele aus den untersten Schubladen der Seele wühlen? Ich glaube nicht. Ich glaube, Sie wissen genau, was ich meine.

Lulu geht fremd.

Und sie verbirgt es nicht einmal. Wenn ich nach Hause komme, dauert es länger als früher, bis sie mich begrüßt. Denn sie sitzt hoheitsvoll in der Einfahrt des Nachbarhauses, wie eine Statue, eine Katze, aus Stein gemeißelt. Sie sieht aus, als gehöre sie dorthin, in diese nicht-meine Einfahrt. Sie sitzt dort reglos, ohne zu blinzeln, bis sie sicher sein kann, dass ich sie auch gesehen habe. Erst dann steht sie auf und stakst steifbeinig zu mir herüber, lässt sich kurz streicheln. Inspiziert ihren Futternapf, legt sich dann auf ihren Lieblingsplatz auf dem nackten Heizkörper, direkt über die Düse des Luftbefeuchters. Auf ihre ganz persönliche Katzen-Wellnessoase. Was muss sie sich dekorativ in fremde Einfahrten setzen? Was findet sie dort? Kalten Asphalt, nichts weiter, nichts, das sie nicht auch bei uns finden könnte.

Doch woher weiß ich überhaupt, dass sie nur in der Einfahrt sitzt? Was, wenn sie die Einfahrt benutzt, wie sie gemeint ist: als Zugang zum Haus? Zu einem fremden Haus, einem Haus, in dem die Katzenkissen aus Samt und die Futternäpfe angemessen gefüllt sind? Die Bilder drehen sich in meinem Kopf wie ein Karussell, immer schneller, verzerren sich zu Schreckensvisionen von streichelnden Händen, zahmen Mäusen ...

Eifersucht ist in meiner Generation verpönt, galt schon in der schwierigen Zeit meiner ersten Liebe als kleinbürgerlich und verachtenswert. Besitzdenken widerspricht allen yogischen und anderen spirituellen Grundsätzen, die mir bekannt sind und an die ich mich gern halten würde, wenn es nicht so verdammt schwer wäre. Wenigstens habe ich früh gelernt, meine besitzergreifenden Impulse zu unterdrücken. Modern und großzügig zu sein. So zu tun, als ob nichts wäre. Alles ganz normal. Doch ich täusche niemanden. Meine Schultern sind hart, meine Lippen zusammengepresst, nur manchmal entschlüpft ihnen eine bissige

Bemerkung, die man beim besten Willen nicht als großzügig und modern interpretieren kann. «Dann geh doch zu Nachbars!», zische ich der Katze zu, die mich keines Blickes würdigt.

Erlösung kommt schließlich von den Schwiegereltern, denen ich mein Herz ausschütte: «Ja, das ist wahr», sagen sie. «Da sitzt sie gern, unsere Lulu, immer schon.»

Nachbars Einfahrt wird spätnachmittags noch von der Sonne beschienen. So einfach ist das. Ich atme tief auf. Beinahe ein Seufzen. Die Welt ist schön, mein Herz ist leicht, und meine Lulu ist eigentlich die Lulu meiner Schwiegermutter, von wegen Besitzdenken. Und Loslassen. Ist unsere Lulu. Vielleicht lerne ich es ja noch.

Wie redest du mit mir?

«Nein, du machst es falsch», sagt die Frau. «Du machst es immer falsch.» Sie sitzt im Zug, im Abteil hinter mir, ich kann sie nicht sehen. Nur hören. Sie spricht wohl mit ihrem Kind. Das Kind kann ich auch nicht sehen. Ich weiß nicht, was es falsch macht. «Du machst immer diese Bewegung», fährt die Stimme fort, sie klingt hell, klar und geduldig. Nicht angestrengt geduldig, nicht in diesem Ton, den Frauen gern anschlagen, nicht nur Kindern, sondern auch Männern gegenüber. «Wie oft muss ich es noch sagen?», schwingt in diesem Ton mit. Diese Stimme hingegen klingt wirklich geduldig, als wäre es ihr ein ehrliches Anliegen, dem Kind zu erklären, was es immer falsch macht. Und als hätte sie alle Zeit der Welt dafür. «So musst du es machen», sagt sie, «nicht so!» Es? Was? So? Wie? Zu gern würde ich mich jetzt umdrehen, auf die Sitzbank knien, als wäre ich selber noch ein Kind, und über die Rückenlehne ins Nachbarabteil schauen. Wovon redet diese Frau? Sie redet weiter.

«Es ist nämlich nicht im eigentlichen Sinne eine Zieh- oder Reißbewegung, die du ausführen musst, sondern viel eher eine Drehbewegung», erklärt sie. Jetzt wird es wirklich spannend. «Man nennt es zwar ‹zerreißen›, was durchaus auf ein Reißen oder Ziehen schließen lassen könnte, aber tatsächlich ist es mehr ein Auseinanderdrehen als ein eigentliches Entzweireißen. Schau, so.» Unwillkürlich machen meine Hände nach, was sie so differenziert erklärt.

Sie hat recht. Wenn man ein Blatt Papier in zwei Stücke reißt, dann drehen sich die Hände voneinander weg. Interessant. So hab ich mir das noch nie überlegt. Ich frage mich, warum meine Mutter mir das nie so erklärt hat, und ob ich ihr das allenfalls heute noch vorwerfen könnte. Wer weiß, was aus mir noch alles hätte werden können, wenn mir jeder einzelne alltägliche Handgriff so genau, so detailliert, so geduldig erklärt worden wäre? Andererseits, worüber würde ich schreiben, wenn nicht über die schier unüberwindbaren Hürden, die in der Bewältigung des Alltags liegen? Und viel wichtiger: Was habe ich meinen eigenen Kindern versagt, indem ich sie nie über die inneren Mechanismen des Papierzerreißens aufgeklärt habe? Ihnen überhaupt viel zu selten mit solch engelhafter Geduld begegnet bin, sie stattdessen viel zu oft mit «Nicht jetzt!» beziehungsweise «Gleich!» abgespeist habe? Ich bin eine schlechte Mutter und ein unfertiger Mensch. So zerfleische ich mich weiter, bis ich kurz vor Killwangen-Spreitenbach bereit bin, aus dem Zugfenster zu springen. Welches sich allerdings nicht öffnen lässt. Oder vielleicht mache ich es auch einfach falsch. Schließlich hat mir niemand je genau erklärt, wie man ein Zugfenster öffnet. Vielleicht ist es gar keine Herunterzieh-, sondern vielmehr eine Hinaufstoßbewegung, die ich ausführen müsste? Ich versuche meinen älteren Sohn zu erreichen, der Architektur studiert, obwohl ich ihm nie etwas erklärt habe. Dafür hat er als kleiner Bub schon gern Pläne gezeichnet, die andere dann ausführen mussten. Mit Legosteinen. «Woher weißt du, was du weißt?», will ich ihn fragen. «Von mir ja bestimmt nicht!» Doch er nimmt nicht ab. Man kann es ihm nicht verdenken.

Der Zug fährt weiter. Kurz vor Dietikon steht die Frau auf. Sie schiebt einen Kinderwagen Richtung Tür.

«Was meinst du, wie sollen wir jetzt weiterfahren?»

Eine große, mehrdeutige Frage. Aus dem Kinderwagen kommt nichts. Keine Antwort. Kein Geräusch. Kein Ton. Vielleicht gibt es gar kein Kind. Vielleicht erklärt die Frau sich selber die Welt, vielleicht auch uns. Vielleicht ist es ein Service der SBB, denke ich, eine Art von philosophischer Unterstützung im Alltag. «Nimm den Regionalzug», spreche ich meinem Sohn auf den Beantworter. «Alles, was du nicht weißt, wird dir dort erklärt.»

Die Kunst, ein Hotelzimmer zu verwüsten

Ich habe alles versucht, um es zu verhindern. Es ist mir nicht gelungen. Jetzt stehen sie, zwei meiner besten Freundinnen, in meinem Hotelzimmer und sehen sich um. Ihre Mienen zeigen den leeren Ausdruck von Menschen, die einen Schock erlitten haben, die schenkeltief im Schlamm stehen, der ihre Häuser unter sich begraben hat, die auf Autodächern dem Hochwasser trotzen, die fassungslos die Trümmer ihrer Existenz sortieren, die ein Erdbeben hinterlassen hat. Lauter Bilder, die durchaus auch auf ein Hotelzimmer zutreffen, in dem ich länger als eine Stunde allein verbracht habe.

Ich bin am frühen Abend eingetroffen, in der Stadt, in der meine Freundinnen leben, habe ein Taxi zum Hotel genommen, bis zu unserer Verabredung blieb mir noch Zeit. Zeit, mich einzurichten. Ich liebe es, in einem Hotelzimmer meinen Koffer auszupacken. In diesem unberührten, unbelebten Zimmer fange ich ganz von vorne an, ich hänge meine Kleider auf Bügel und lege sie, sauber gefaltet, in die vielen Schubladen. Ich staple die mitgebrachten Bücher auf dem Nachttisch, stelle die Zahnbürste ins Wasserglas, reihe Töpfchen und Tiegel unter dem Spiegel auf, versprühe Parfüm. Es dauert nicht lange, und ich bin fertig. Alles ist an seinem Platz. Da, wo es hingehört. Es gibt nichts Beruhigenderes als ein frischbezogenes Hotelzimmer, eines, das man allein bewohnt, nur mit dem Nötigsten ausgestattet, überschaubar, übersichtlich, geordnet. Es verleiht einem das Gefühl, das Leben sei, wie auch dieses Zimmer, in den Griff zu bekommen. Wenigstens für ein paar Tage.

Oder eben auch nicht.

Plötzlich klingelt es auf dem Nachttisch, ich hechte zum Telefon und werfe dabei den Bücherstapel um. Meine Freundinnen stehen schon unten in der Lobby, wollten wir nicht vor dem Essen einen Drink nehmen? «Komme sofort!», schreie ich. Reiße die Schranktür auf, was wollte ich denn bloß anziehen, wo ist das brombeerfarbene Kleid, eben hatte ich es doch noch in der Hand. Ich zerre an den Bügeln, wühle in den Schubladen, halte Teile vor mich und werfe sie über die Schulter in die Mitte des Zimmers. Schuhe stolpern übereinander, der Koffer fällt mit aufgerissenem Maul von diesem speziellen Koffermöbel, der Zahnpastatube fehlt plötzlich und unwiderruflich ihr Deckel, die Zeit zerrinnt.

Und es passiert. Es klopft, und dann stehen meine Freundinnen in der Tür wie am Rande eines Abgrunds und spähen in das Katastrophengebiet, das vor kurzem erst mein Hotelzimmer war. «Ich suche nur noch meinen Ohrring!», rufe ich und werfe das Deckbett auf den Boden.

Meine Freundinnen wechseln einen Blick.

Ich breite die Hände aus, eine universelle Geste der Machtlosigkeit – ich weiß nicht, wie es geschehen konnte.

Sie blinzeln ein paarmal, sie schütteln sich, reißen sich sichtbar zusammen, um dann verkrampft zu lächeln: «Nimm dir Zeit, wir warten unten.» Als ich mich endlich und brombeerfarben gekleidet zu ihnen geselle, haben sie bereits mit dem Trinken begonnen, was ja für Schockpatienten durchaus empfohlen wird. Sie sind in eins dieser

Frauengespräche verwickelt, die mit heftigem Nicken und «Genau!»-Rufen punktiert werden. Sie sind sich einig. Sie sprechen über ihre Männer. Männer, die ihre Kleider genau da liegen lassen, wo sie sie ausgezogen haben. Männer, die meinen, eine Tischplatte aus antikem Eichenholz sei dazu da, unter einem Stapel ungelesener Zeitungen begraben zu werden. Männer, die es schaffen, innert Minuten ein Hotelzimmer zu verwüsten. Ich sitze daneben, ich nippe an ihren Gläsern. Ich gehöre nicht mehr dazu. Ich habe die Fronten gewechselt. Bin zum Feind übergelaufen. «Zu dem Thema gibt es eine super Kolumne von Till Raether», sage ich. «Sie heißt ‹Männer wohnen, Frauen rödeln!›» Was rödeln heißt, weiß ich nicht, aber was Till Raether meint, schon. Der Mann versteht mich.

Die Unsichtbaren

Jeden Morgen, lang bevor der Zug in den Bahnhof einfährt, steht er schon im vordersten Wagen an der Tür, gleich neben dem Velowagen. Ich weiß nicht, ob er sein Rennrad überhaupt je dort versorgt, oder ob er die ganze Fahrt so verbringt, an der Tür stehend, die eine Hand im offenen Handschuh beschützend auf den Rahmen gelegt. Wie eine Mutter, die es mit ihrem Kind bis vor den Kindergarten geschafft hat, aber nicht hinein. Der Vergleich hinkt. Das liegt daran, dass mich der Anblick von Männern in Fahrradhosen immer irgendwie verwirrt und verlegen macht. Wie kann man sich so ungeschützt den Blicken aussetzen, der Welt präsentieren? Unwillkürlich wickle ich meine eigenen diversen Kleidungsschichten fester um mich und frage mich, wann ich prüde geworden bin. Dieses Bedürfnis, Stoffhüllen um mich zu legen, mich vor fremden Blicken zu schützen, hatte ich jedenfalls nicht immer. Früher habe ich das Haus oft unbekümmert in Kleidern verlassen, die ich heute nicht einmal mehr als solche bezeichnen und schon gar nicht tragen würde. Minimalistische Kreationen, wie sie die drei jungen Frauen tragen, die sich ebenfalls jeden Morgen, lange bevor der Zug in den Bahnhof einfährt, hier an der vordersten Türe treffen. Sie tragen strategisch platzierte Stofffetzen, sie riechen nach Rauch, sie reden sehr laut. «Kind, du verkühlst dir die Nieren!», will ich einer von ihnen zurufen, aber ich tue es nicht. Stattdessen frage ich mich, warum ich schon hier stehe.

Zehn Minuten, bevor der Zug ankommt. Ich habe kein Rennrad, das ich vor dem Ansturm der Pendler in Sicherheit bringen will, ich muss nicht, wie die jungen Frauen, pünktlich am Arbeitsplatz sein. Ich gehöre einfach zu diesen ängstlichen Seelen, die Schriftsteller Peter Bichsel einmal in einer seiner großartigen Kolumnen beschrieben hat. Die, sobald die nächste Haltestelle angekündigt wird, aufspringen wie ein Mann, sich gehorsam Richtung Ausgang bewegen, wo sie dann zusammengepfercht wie Schafe und ebenso ergeben stehen und warten, bis der Zug hält. Die Sinnlosigkeit dieses Tuns ist unschwer zu erkennen, trotzdem kann auch ich nicht anders. Nicht einmal, nachdem sich in einem leeren und späten Zug der Schaffner durch den Lautsprecher direkt an mich gewandt hat: «Nächster Halt: Lenzburg – und bleiben Sie um Himmels willen sitzen, bis der Zug hält!»

So steh ich hier und kann nicht anders. Die jungen Frauen berichten vom «Ausgang», auch etwas, das mir so fremd geworden ist wie ein bauchfreier Pullover. Sie vergleichen die Alkoholmengen, die sie zu sich genommen, die Stunden, die sie geschlafen haben. Eine von ihnen behauptet, die Nacht durchgemacht zu haben, direkt von da zu kommen, von diesem mythischen Ort, der «Ausgang» heißt. Anzusehen ist es keiner von ihnen. Sie sind jung, sie sind unverwüstlich. «Da geht mein Puls gleich hoch auf hundertsechzig», sagt plötzlich der Velofahrer, selber kein junger Mann mehr, das hätte ich vielleicht gleich sagen müssen, vielleicht versteht es sich aber auch von allein: einer, der unter der Woche morgens Velo fährt. «Wenn ich neben so hübschen Mädchen stehe!» Er richtet sich an niemand Bestimmten, schaut alle drei der Reihe nach an.

Keine reagiert. Sie reden einfach weiter, als gäbe es ihn nicht, den Velofahrer, der sich aber nicht geschlagen geben will, sondern gleich einen draufsetzt: Normalerweise sei sein Puls natürlich wahnsinnig niedrig, er fahre ja jede Woche soundso viele Kilometer in soundso wenig Zeit. «Still, seien Sie doch still», flehe ich ihn innerlich an, er hört mich nicht, sondern führt ihnen nun seine Pulsuhr vor, ein Meisterwerk moderner Technik offenbar. Und immer noch beachten sie ihn nicht. Es ist, als gäbe es ihn nicht, den Mann. Voller Mitgefühl lächle ich ihm zu, er sieht mich nicht.

Ode an das Bahnhofsklo

Eine Toilette ist etwas, das jeder benutzt, worüber aber keiner spricht. Was schade ist, denn es gibt kaum einen Ort, der mit mehr Emotionen besetzt ist. Wenn dieses «Örtchen», das zu Unrecht, finde ich, das «stille» genannt wird, sprechen könnte! Was würde es erzählen! Mich wundert, dass in keiner der vielen peinlichen Geschichten, die Sie mir zugeschickt haben, eine öffentliche Toilette vorkam. Mit, zum Beispiel, einer Tür, die sich nicht richtig schließen lässt, oder von der man meint, sie sei verschlossen, bis sie ein Fremder, ohne zweimal darüber nachzudenken, von außen öffnet. Passiert Ihnen das nie? Es ist einer meiner wiederkehrenden Albträume. Ich sitze auf dem Klo, und die Tür geht auf, und alle können mich sehen. Man muss nicht Sigmund Freud sein, um das zu deuten. Und selbst wenn niemand darüber spricht: Ich kann nicht die Einzige sein, die von solchen Ängsten geplagt wird. Die italienischstämmige Künstlerin Monica Bonvicini hat eine Installation geschaffen, die «don't miss a sec», «verpass keine Sekunde» heißt. Sie besteht aus einer vollständig verspiegelten Kabine, in der sich eine öffentliche Toilette befindet. Doch der Spiegel ist aus Einwegglas: Wer drinnen sitzt, kann alles sehen, was draußen passiert – und sich des Gefühls nicht erwehren, die Passanten, die stehen bleiben, um sich im Spiegel zu betrachten, beobachteten in Wirklichkeit mit gerunzelter Stirn einen selbst. So sitzt man im wörtlichen Sinn mit heruntergelassenen Hosen da!

Dieser Konfrontation mochten sich nur wenige aussetzen, die Installation, die unter anderem vor dem Tate Modern Museum in London und vor der Art Basel aufgestellt worden war, wurde zwar rege beachtet, aber nur wenig genutzt.

Sinn und Funktion der öffentlichen Toilette beschäftigen mich wieder mehr, seit ich auf Lesereise bin. An vielen Abenden tingle ich quer durch die schöne Deutschschweiz, immer mit dem Zug. Ich steige um, ich warte. Ich bin lange unterwegs. Kurz, ich habe die Toiletten in Zügen und Bahnhöfen wieder neu schätzen beziehungsweise verfluchen gelernt. Vielleicht sollte ich einen Führer veröffentlichen. Vielleicht gibt es das schon. Jedenfalls habe ich dabei ein bezauberndes Schauspiel entdeckt, dass sich abends in den öffentlichen Toiletten der Bahnhöfe größerer Städte abspielt: Junge Frauen machen sich für den Ausgang bereit. Sie schleppen eine Ausrüstung mit sich herum, die für eine Theateraufführung oder ein Fotoshooting reichen würde und für die man normalerweise Träger engagiert. Riesige Taschen voller Kleider, Schuhe, Schmuck, Schminksachen, Haarpflegeprodukte. Mit diesem Gepäck belagern sie die Schminktische in der Ecke und bald auch jeden verfügbaren Quadratzentimeter vor den Spiegeln. Manche ziehen sich in den verschlossenen Kabinen um, aus denen dann besorgniserregendes Rumpeln und Ächzen klingt, die dünnen Wände beben, als ob jemand gegen sie gestolpert wäre – und das ist sie auch, die junge Frau, die nach einer Weile herauskommt, außer Atem, das Gesicht gerötet von der Anstrengung, aus der Arbeitskleidung zu schlüpfen und sich in hautenge Plastikhosen zu zwängen. Als Nächstes probiert sie verschiedene Schuhe an, humpelt auf einem flachen, glitzernden und einem hochhackig satinierten Modell vor dem Spiegel auf und ab. Freundinnen diskutierten ernsthaft Pro und Contra, bis eine andere sich einmischt und den Platz vor dem Spiegel beansprucht. Sämtliche Steckdosen sind im Einsatz, mit elektrischem Gerät werden Haare geföhnt, geglättet oder gewellt, es riecht nach verbranntem Horn, nach Haarspray, nach Parfüm. Spraydosen wirbeln wie Waffen durch die Luft. In den Spiegeln werden Blicke getauscht, abwägende, abschätzende, auch bewundernde, es wird geflüstert und kommentiert. Es dauert ziemlich lange, bis ein Grüppchen von Frauen bereit ist zum Gehen. Dann schwingt in ihren Schritten die Gewissheit mit, dass sie alles getan haben, was möglich ist. Sie sind schön, die Welt liegt ihnen zu Füßen (flach oder hochhackig beschuht), mindestens für einen Abend. Und ich besteige den nächsten Zug beschwingt, gerührt und inspiriert. Andere gehen dafür ins Theater. Ich besuche das Bahnhofsklo.

Sie, Ihr Kind …!

Als ich um die Ecke bog, sah ich sie, eine etwas aufgelöst wirkende junge Frau, die sich in einen Toreingang drückte. Zu ihren Füßen zwei volle Einkaufstaschen. In der einen Hand hielt sie einen zerzausten Stoffhasen, die andere presste sie sich auf die Lippen: Verraten Sie mich nicht!

Ich lächelte, sie spielen Versteckis, dachte ich. Mit einem kleinen Kind wird jeder Gang zum Lebensmittelladen ein Abenteuer. Doch dann brach hinter mir herzzerreißendes Gebrüll aus, und mir wurde klar: Das war kein Spiel. Das war Erziehung. Ich drehte mich um und sah einen kleinen Jungen mit dunkelrotem, tränennassem Gesicht, verschwitzten Haaren. Aus weit offenem Mund schrie er nach seiner Mutter, die er nicht mehr sah. Die verschwunden war. «Mamaaaa!» Seine Verzweiflung traf mich wie ein Stein zwischen die Schulterblätter.

«Er muss es lernen», flüsterte die Mutter.

«Aber …», sagte ich. Und verstummte. War ich plötzlich zu einer dieser unerträglichen alten Nörglerinnen geworden, die immer alles besser wissen? Und die mir das Leben so schwergemacht hatten, als ich eine junge Mutter war? Als mein älterer Sohn geboren wurde, war ich gerade vierundzwanzig Jahre alt und allein. Ich kannte niemanden, der Kinder hatte. Die Mütter, die sich auf dem Spielplatz trafen, waren ausnahmslos älter, gefestigter als ich, sie trugen weiße Blusen und Lippenstift, und sie hatten Männer, die nach Feierabend aus dem Tram sprangen und zum

Spielplatz hinüberliefen, es kaum erwarten konnten, ihre Lieben zu sehen, ihre Frauen zu küssen, ihre Kinder auf der Schaukel anzuschubsen. Später, wenn sie nach Hause gingen, hielten sie sich an den Händen, das Kind in der Mitte, und sie hatten alle weiße Zähne. Natürlich projizierte ich all meine unerfüllten Sehnsüchte nach einer richtigen Familie, nach einer heilen Welt auf diese unschuldigen Menschen, doch was soll ich sagen, ich war jung, ich war einsam, ich war überfordert. Und so fiel mir meist nichts Gescheiteres ein, als in Tränen auszubrechen, wenn ich öffentlich zurechtgewiesen wurde. Das schneidende «Sie, Ihr Kind …!», mit dem diese Tiraden begannen, verfolgte mich bis in meine Träume. Ich erinnere mich, wie mich einmal eine ältere Dame (grauhaarig, wie ich heute) in scharfem Ton darauf aufmerksam machte, dass wir den Sand, den mein Sohn vom Sandkasten auf den Sandkastenrand geschaufelt hatte, sorgfältig, vertieft, mit gerunzelter Stirn, gefälligst wieder zurückzuschaufeln hätten, wo käme man da sonst hin. Da heulte ich noch nicht, sondern versprach brav, das selbstverständlich zu tun. («Lassen Sie ihn, er wird Architekt», hätte ich sagen können, aber das wusste ich damals noch nicht.) Aber die Dame glaubte mir nicht, und dann wurde sie laut: Seit vierzig Jahren erziehe sie Kinder, rief sie, eigene, Pflege- und Enkelkinder, aber so etwas Ungeratenes wie mein Sohn, so etwas Unfähiges wie ich, das sei ihr noch nie untergekommen! Hilflos schaute ich mich um – rundherum lächelnde Gesichter, es war, als existierte ich nicht. Und dann brach ich in Tränen aus. Ich hob meinen Sohn hoch und verließ fluchtartig den Spielplatz – nachdem ich den Sand mit dem Fuß zurück in den Kasten geschoben hatte, selbstverständlich. Noch heute frage ich mich, welchen Schaden eine Mutter, die ihren Sohn nicht vor alten Schachteln schützen kann, verursacht – und merke nicht, dass ich mich selber in eine solche verwandle.

Das Einzige, was man zu fremden Müttern ungefragt sagen sollte, ist, wie wunderbar, wie schön, wie gut geraten ihre Kinder sind. Es sei denn, man hält den Schmerz zwischen den Schulterblättern nicht aus. Dann dreht man sich um, zwinkert und deutet mit dem Kinn Richtung Hauseingang. Der kleine Junge verstand sofort, rannte erleichtert zu seiner Mutter, die mich über seinen Kopf hinweg strafend anschaute. Ich lächelte. «Großartiger Bub», sagte ich.

Die Gartenfee

Ich habe viele Reichtümer, aber mein größter sind bestimmt meine Freundinnen. Es gibt keine klügeren, loyaleren und schöneren Frauen als sie – das muss auch mal gesagt werden. Eine von ihnen hat sich nun meines Gartens angenommen – letztes Jahr habe ich ja an dieser Stelle gestanden, dass ich immer noch in der «Erst mal schauen»-Phase bin. Einen Garten übernimmt man nicht wie einen Gebrauchtwagen, man macht ihn sich nicht zu eigen wie ein Hotelzimmer – ein Garten lebt immerhin, er erinnert sich, er blüht. Da kann man nicht einfach mit der Dampfwalze drüber, alles rausreißen, alles neu machen. Das braucht Zeit. Das braucht Gefühl, und vor allem: eine Vision.

Diese habe ich jetzt, nachdem ich vier Jahre lang auf der Steintreppe gesessen habe, mit der Kaffeetasse in der Hand, und verträumt über das Grün und Gelb und Blau blickte, bis es vor meinen Augen verschwamm. Und es begann zu wuchern und zu ranken, blau und noch blauer, lavendel, lila, rosa, tiefrosa und weiß. Blüten kletterten hinauf, wo immer es einen Halt gab, überzogen Pfosten und Wände mit einem bunten Teppich. Bienen summten, angelockt vom Duft von ...

Eben. Ich weiß leider nichts über Pflanzen, nicht, wie sie heißen, nicht, wo sie wachsen, nicht einmal, ob es sie gibt, diese wildwuchernden Gewächse meiner Phantasie. Doch da wollte es der Zufall, dass eine Freundin wieder in mein

Leben trat, die ich seit gut fünfzehn Jahren nicht mehr gesehen hatte. Eine Freundin, die mich kannte, als ich noch Kette rauchte, einen wirren Haarvorhang dauerhaft vor mein Gesicht gezogen hatte und der ich manchmal, wenn es schon sehr spät war, verschämt gestand, ich wolle eigentlich nicht Buchhändlerin, sondern Schriftstellerin werden. Eines Tages. Darüber hat sie damals nicht gelacht und auch jetzt nicht, als ich ihr meinen Phantasiegarten beschrieb. Denn meine Freundin – ich nenne sie jetzt einmal Betti, in erster Linie, weil sie wirklich so heißt – arbeitet unterdessen, unter anderem, als Gärtnerin. Wie viele Frauen, die ich kenne, hat sie sich einige Male am eigenen Haarschopf aus dem Sumpf gezogen und neu erfunden. Jetzt also im Garten. Sie kommt zuerst zum Kaffee und bringt Pflanzenkataloge mit. Geduldig wie eine Bibliothekarin verwandelt sie meine Beschreibung («so dunkelrosa ... eher rot ... nein, heller, und die Blüten eher so wie Coupegläser – aber kleiner») in mögliche Bestimmungskriterien, sie blättert, sie hält mir Bilder unter die Nase, blättert weiter, markiert einzelne Seiten, so lange, bis sie schließlich Namen gefunden hat für meine Vision: Wisteria, Peonia, Lavendula und Lupine – sie klingen wie Frauennamen, eine Gruppe von Freundinnen, die sich, mindestens einmal in einer Ecke meines Gartens, zusammensetzen und ausbreiten wird.

Ein paar Wochen später karrt sie eine Wagenladung Erde an, und Töpfe voller Grünzeug, kleine Pflanzen, in denen meine wuchernde Vision schon angelegt ist, für das geübte Auge erkennbar. Ich hingegen, ich sehe noch nichts, nur Grün, aber ich vertraue. Meine zarte blonde Freundin schnallt sich einen supercoolen Werkzeuggürtel um, greift sich eine bedrohlich wirkende Spitzhacke und schwingt sie gleich hoch in die Luft. Ich stehe mit offenem Mund daneben, aber nicht lange. «Hier, mach dich nützlich», sagt sie und drückt mir eine Schaufel in die Hand. Einen ganzen Tag lang graben, hacken und rechen, pflanzen, düngen und gießen wir. Und wir reden. Die Sonne wandert, mein Sohn kommt nach Hause, wir essen Pizza.

«Was wird das?», fragt er.

«Das wird mein Garten.»

Er zuckt unbeeindruckt die Schultern. Wir arbeiten weiter, den ganzen Nachmittag lang.

«Ihr habt es schon schön», ruft die Nachbarin herüber.

Stimmt. Vor lauter «Erst mal schauen» hatte ich vergessen, wie befriedigend es ist, in der Erde zu wühlen. Erst als es kalt wird, hören wir auf. Wir setzen uns auf die Steinstufen und machen eine Flasche Champagner auf. Vor uns liegt ein kleines Stück Hang, dunkle, frisch aufgeworfene Erde, zartes Grün.

«Siehst du es?», fragt sie.

Ich nicke. Ich sehe es.

Das Zögern des Fußgängers vor den gelben Streifen

Wer im Auto sitzt, versteht es nicht: Von weitem schon sieht der Autofahrer den Fußgänger am Straßenrand stehen und ihm misstrauisch entgegenschauen. Vorsichtshalber verlangsamt der Autofahrer schon mal, für den Fall, dass sich der Fußgänger in Bewegung setzen sollte, noch hätte er längst Zeit, die Straße zu überqueren, bevor der Autofahrer auch nur in seine Nähe käme – immer noch nichts. Erst wenn man direkt vor den gelben Streifen angehalten hat, macht der Fußgänger den ersten Schritt auf den gelben Streifen, den Blick immer noch misstrauisch auf die Windschutzscheibe gerichtet, als würde der Autofahrer plötzlich Gas geben und den Fußgänger über den Haufen fahren. Deshalb vermutlich der abwehrend ausgestreckte Arm, obwohl der in einem solchen Fall auch nichts mehr nützen würde.

Wer im Auto sitzt, seufzt jetzt entnervt. Was noch, denkt man, soll ich etwa den Motor ausschalten, aussteigen, den Fußgänger am Arm nehmen und sicher auf die andere Straßenseite geleiten? Man schüttelt den Kopf. Das hätte doch längst gereicht, denkt man, der wäre doch längst auf der anderen Straßenseite gewesen, bevor ich die Kreuzung erreicht hätte, ich hätte nicht mal bremsen müssen!

Nicht bremsen müssen. Nur nicht bremsen! Genau. Darum geht es. Und das weiß der Fußgänger natürlich. Er weiß genau, wie es im Kopf des Autofahrers aussieht, oder wie es vom Beifahrersitz tönt: «Warum bremst du jetzt? Du wärst doch längst ... Herrgott, warum läuft denn der Trottel nicht los? Jetzt! Achtung! Dann brems eben! In Gottes Namen! Brems!»

Hier muss ich ganz kurz und vollkommen zusammenhangslos die Geschichte einer Leserin einfügen, die Vreni heißt und die mit ihrer Freundin in Italien in den Ferien war, wo sie von einem netten jungen Mann mit dem Auto irgendwohin gefahren wurden. Die Freundinnen unterhielten sich ziemlich laut auf dem Rücksitz, bis der junge Mann plötzlich in voller Fahrt heftig bremste – «freni!» heißt drum: «Brems!» Die Leserin nennt sich seither Verena. Item.

Als Fußgänger hat man allen Grund, sich nähernde Fahrzeuge misstrauisch zu beobachten: Die Schweiz schneidet im europäischen Vergleich schlecht ab. Bei uns gibt es mehr Fußgängertote als in allen anderen Ländern, außer in Großbritannien, und ein höherer Prozentsatz davon wurde auf dem Fußgängerstreifen getötet. Auf dem Fußgängerstreifen! Auch da sind wir an zweiter Stelle. Keine Zahlen habe ich zu Ägypten gefunden, wo der Verkehr chaotisch, laut und unaufhörlich durch die Straßen tobt. Es ist lange her, dass ich das letzte Mal in Kairo war, ich erinnere mich an Taxifahrer, die unvermittelt den Rückwärtsgang einlegten, die mitten auf der Kreuzung stehen blieben und ausstiegen, um einen Kollegen auf der anderen Seite zu begrüßen, ich erinnere mich voller Sehnsucht an die hilfsbereiten Herren, die an Straßenecken herumlungerten und gleich herbeisprangen, um für einen das Auto zu parkieren – notfalls hoben sie es mit vereinten Kräften in eine schmale Lücke, wie ein Spielzeug, wie einen Puzzlestein. Vor allem aber erinnere ich mich daran, wie ich zwanzig Minuten lang an einer Kreuzung wartete, bis ich genug Mut gesammelt hatte, um mich in den tosenden Verkehr zu stürzen. In Kairo hält niemand an. Man muss die Augen schließen, ein kurzes Gebet sprechen, oder, wie es ein älterer Herr, der neben mir wartete, ausdrückte: «Jedes Mal, wenn wir über die Straße gehen, sage ich meiner Frau, dass ich sie liebe. Wer weiß, ob wir uns auf der anderen Seite wiedersehen!» Doch das tut man immer. Das Blechmeer öffnet sich hupend und schließt sich hinter einem. Man gewöhnt sich daran. Augen zu und durch.

Niemals würde ich das hier wagen. Ich luege und lose, bis ich weit und breit kein Auto mehr sehe und schon gar keins höre. Erst dann laufe ich los. Sicherheitshalber strecke ich die Arme nach beiden Seiten aus, das Unheil abwehrend, das ich in der nachmittäglichen Stille ahne. Eben doch.

Dadüüüdadooo

Es ist ein ganz normaler Tag, ein Donnerstag. Kurz vor zehn, ich sitze im Tram und fahre durch die schöne Stadt Zürich. Das Wetter ist schlecht, und ich bin auch schon wieder zu spät dran. Eine Zeitung liegt ungelesen auf meinem Schoß. Hinter mir unterhalten sich zwei über Eidechsen – ausgelöst wurde die Diskussion wohl durch ein farbenfrohes Plakat, das mit dem Abbild einer solchen für den Zürcher Zoo wirbt.

«Eidechsen gibt es also nicht nur in der Toskana», sagt der eine.

«Oder in Südfrankreich», der andere.

«Nein, Eidechsen gibt es überall, auch bei uns.»

«Viele sogar. Sehr viele.»

«Einmal», so holt der eine aus, «einmal war da ein Teich, und ich ging schwimmen mit meinem Vater, und mein Vater fing eine Eidechse mit der Hand. Für mich!»

«Hast du sie angefasst?»

Die Mitfahrer, die sich so gewählt ausdrücken und so fundierte Kenntnisse über die europäische Fauna beweisen, sind im Kindergartenalter und auf dem Weg in den Zoo. Es ist nationale Schulreise-Saison, und die Chance, ein Abteil in einem beliebigen öffentlichen Verkehrsmittel mit einer Gruppe Kinder zu teilen, hoch. Unverhofft in einer Masse gleichaltriger Kinder oder Jugendlicher eingeklemmt, verschwindet man. Und unsichtbar geworden, wird man Zeuge unglaublicher, berührender, irritierender, authentischer Szenen, die einem sonst immer vorenthalten bleiben. Ich liebe diese Zeit, doch damit stehe ich wohl ziemlich allein. Der Anblick rucksackbepackter Schulkinder in ordentlichen Zweierreihen oder wilden Haufen auf dem Perron verursacht bei den meisten Wartenden schlechte Laune. Bevor sie überhaupt in den Zug einsteigen, beklagen sie sich schon über die Jugend, die keine Manieren, und die Lehrer, die keine Autorität mehr haben, ganz zu schweigen von den Sitzplätzen, die auch alle besetzt sein werden.

Zum Glück habe ich während der Saison immer einen Rollkoffer voller Bücher dabei, und aus diesem verteile ich nun großzügig jedem Maulenden ein Exemplar eines meiner absoluten Lieblingsbücher: *Mein Name ist Eugen* von Klaus Schädelin. Ein wunderbares Buch voll subversivem Sprachwitz und anarchistischem Spaß. Voller Bubenstreiche und zivilem Ungehorsam. Und das alles in der guten alten Zeit! Ein Buch, das gute Laune macht. Ob man will oder nicht. Bald schon sind die Meckerer in die Lektüre versunken. Sie schmunzeln leise oder lachen laut, und wenn sie zu dem Kapitel über die Schulreise kommen, sind sie froh, dass die gute alte Zeit vorbei ist und dass ihnen wenigstens keine Sirupflasche über dem Kopf zerbricht.

Zurück ins Tram Nummer 5, das nun gemächlich über die Quaibrücke ruckelt. Aus der Sitzbank hinter mir klingt ein beinahe nostalgischer Seufzer.

«Was für ein schöööner See», spricht der Fünfjährige. Und sein Sitznachbar, im selben wehmütigen Ton: «Aber sooo zigarettlich! Ui, ui, ui!»

Zigarettlich?, denke ich. Ich widerstehe der Versuchung, mein Notizbuch hervorzunehmen und den Ausdruck aufzuschreiben, den der winzig kleine Bub folgendermaßen erläutert: «Überall liegen Zigarettenstummel herum!» – eine altkluge Beobachtung, vermutlich irgendwo aufgeschnappt und jetzt erst einmal versuchshalber angewendet, so wie ich das neue Wort heute Abend zu Hause ausprobieren werde: «Wie kommt es, dass die leere Kaffeetasse so zigarettlich geworden ist?» Oder: «Ich wünschte, der Blumentopf wäre nicht immer so zigarettlich.» Da muss ich vielleicht noch etwas üben. Es ist nicht immer einfach mit neuen Wörtern.

Und gerade, als ich mich frage, ob die Jugend von heute nicht zu weise, zu erwachsen geworden ist, fährt eine Ambulanz vorbei und das ganze Tram verfällt lauthals in mehrstimmigen Singsang. «Düdadooo! Poschtauto!» Unterbrochen von: «Das ist kein Postauto, das ist ein Krankenwagen! Der macht Dadüüüdadüüü!»

Donnerstagmorgen, kurz vor zehn, ich sitze im Tram und danke dem Schicksal, dass es mich zu genau dieser Zeit in genau dieses Tram hat steigen lassen. Inmitten einer Gruppe fünfjähriger Beobachter des Weltgeschehens ist dieser ganz normale Donnerstag zu einem besonderen geworden. Zu spät komme ich natürlich trotzdem.

Lob der Niederlage

Ich stand und ich wartete. Ich wartete eine ganze Weile. Ein junger Mann mit großen Händen sollte die Kaffeemaschine, die er mir in allen Einzelteilen vorgeführt hatte, wieder sachgerecht verpacken, damit ich sie kaufen konnte. Doch die Teile passten nicht mehr in die Schachtel. Der junge Mann passte nicht an die Verkaufstheke. Seine Hände waren zu groß. Er wäre, das konnte man ihm ansehen, lieber ganz woanders. Seine Chefin nahm ihm schließlich die Schachtel weg, mit einer gewissen Vehemenz. Sie lächelte entschuldigend, verdrehte die Augen: «Lehrlinge!», seufzte sie. Er stand daneben und starrte vor sich hin.

Genau so seufzte mein Lehrmeister damals, wenn er mir endlich die Klebstreifenrolle entriss. Ich brachte es ja nicht einmal fertig, Bücher in Geschenkpapier zu wickeln, Bücher, die doch immerhin rechteckig und flach sind, einfacher geht es nicht. Neulich hat sich ein Kolumnist, der sich selber gern als Intellektuellen bezeichnet, über unfähige Buchhändlerinnen ausgelassen, die er konsequent «Frolleins» nannte. (Diese Intellektuellen aber auch!) Früher sei alles besser gewesen, meinte er, früher habe es noch gescheite und belesene Buchhändlerinnen gegeben, manche seien sogar gescheit genug gewesen, um später selber Bücher zu schreiben, solche wie ich zum Beispiel.

Ich?

Wie kommt er darauf? Er kennt mich doch gar nicht, der Intellektuelle. Er weiß nur, was ich heute bin. Und schließt messerscharf, ich müsse schon als Lehrtochter ein Hit gewesen sein. Da liegt er allerdings falsch. Ganz falsch. Ich war eine lausige Buchhändlerin. Ich ließ schwere Kunstbände auf ihre Ecken fallen, und als ein Kunde nach einem Buch über Dalí fragte, bat ich ihn, den Namen des Künstlers zu buchstabieren, den ich in seiner korrekten spanischen Aussprache nicht verstanden hatte. D-A-L – ach so! Mein Lehrmeister steckte mich dann sicherheitshalber in den Keller, wo ich Bücher ein- und auspackte. Das Einzige, was ich da gelernt habe, ist der Päckliknopf eidgenössischen Standards, der heute schon nicht mehr gilt.

Später jobbte ich in einem Immobilienbüro. Die Aufgabe, die mir da zufiel, war vergleichsweise simpel: Ich sollte das Telefon abnehmen. Eine Tätigkeit, die mir allerdings, wie Sie unterdessen wissen, wenig liegt. Auch da machte ich vom ersten Tag an alles falsch: Ich vergaß, nach dem Betreff zu fragen, Namen zu notieren, Anrufe auszurichten, ich kam immer zu spät und mit nassen Haaren an und wurde schließlich dazu abgeordnet, die Hunde der Chefin spazieren zu führen.

Diese muss sich, genau wie mein früherer Lehrmeister, schwer gewundert haben, als irgendwann dann doch noch «etwas aus mir wurde». Ganz zu schweigen von meinem ehemaligen Klassenlehrer, der meiner Mutter einmal schrieb, man bedaure mein nicht ganz freiwilliges frühzeitiges Austreten aus dem Gymnasium und hoffe, dass ich meine «eigenwillige Persönlichkeit» auf meinem Lebensweg «irgendwie» einsetzen könne.

Warum ich das erzähle? Weil es sonst vergessen wird. Kaum hat man sie hinter sich gelassen, zählen sie plötzlich nicht mehr: all die Abstecher und Umwege, die man gemacht, die Gähnstrecken, die man ertragen hat, die unsicheren Stolperschritte im Dunkeln. Der labyrinthartige Lebensweg wird zur schnurgeraden Erfolgsstrecke begradigt. Als ob das realistisch wäre. Oder auch nur wünschenswert. Ich zum Beispiel war ja nur deshalb so vollkommen unbrauchbar, weil ich eben immer schon in meinem Kopf lebte, in meinen Geschichten. Mein damaliges Versagen war der Grundstein meines heutigen Erfolgs.

Natürlich kaufte ich diese Kaffeemaschine, und ich lächelte dem Lehrling zu, der seine Hände in die Hosentaschen gesteckt hatte und so tat, als ginge ihn das alles gar nichts an.

Wer weiß, in zehn Jahren sehe ich sein Gesicht auf dem Titelblatt eines Wirtschaftsmagazins oder auf einem Filmplakat wieder, vielleicht werde ich ihm einen Tisch abkaufen, den er mit seinen großen Händen gebaut hat, oder einen schweren Silberring.

Alleingang

Das Telefon klingelt, es ist Lisa. Lisa ist verzweifelt. Sie hat Hunger. Einen leeren Kühlschrank. Und niemanden, der mit ihr essen gehen will. Sie wählt sich durch ihr Telefonbuch, in dem ich ziemlich weit unten stehe. Und ich habe schon gegessen.

«Warum gehst du nicht allein?»

«Allein? Ich war in meinem Leben noch nie alleine essen!»

Lisa ist zweiundfünfzig Jahre alt. «Es soll ja gesund sein, das Abendessen ausfallen zu lassen», seufzt sie.

Ich war siebzehn, als ich zum ersten Mal allein verreiste. Ich fuhr mit einem Zug und einem Schiff von Hamburg nach Rügen oder auf eine andere Insel, ich kaufte mir am Hafen ein weiches Brötchen, das mit Fischstücken und Mayonnaise gefüllt war, und erkundigte mich nach dem Weg zur Jugendherberge. Oh, die Jugendherberge! Die sei doch im Herbst geschlossen! Es war kalt und auch schon dunkler, als ich mir das vorgestellt hatte. Die nette Frau am Imbissstand schrieb mir die Adresse einer anderen netten Frau auf, die Zimmer vermietete. Ich ging zu Fuß die einzige Straße entlang, der Riemen meiner Tasche schnitt in meine Schulter. Einen Rucksack zu tragen habe ich mich damals schon geweigert. Ich schlief in einem Bett, das aus der Wand geklappt wurde, fertig bezogen mit verwaschenen Blümchen. Am nächsten Morgen bekam ich ein weiches Ei und eine unglaubliche Auswahl an Aufschnitt,

Schinken und Wurst, dazu dieselben weichen weißen Brötchen mit der rosettenförmig eingeschnittenen Kruste. Die Zimmerherrin stand mit verschränkten Armen an den Herd gelehnt, an ihren Namen erinnere ich mich nicht, aber daran, dass sie mich ausfragte. Was ich denn vorhätte, so allein, ob jemand wisse, wo ich sei? Sie dachte wohl, ich sei von zu Hause weggelaufen, das ging mir erst später auf, warum würde ein junges Mädchen sonst allein unterwegs sein? Ich hatte mir eine schöne Woche ausgedacht, von Insel zu Insel, eigentlich hätte ich die Herbstferien bei meinem Vater verbringen sollen, der damals in Hamburg lebte. Ich studierte die Deutschlandkarte in seiner Wohnung, auf dem Bauch auf dem Fußboden liegend, schrieb mir die Inseln heraus und dann am Bahnhof die Züge.

Ich hatte Freundinnen, ich hatte einen Freund, meine erste Liebe, die ich später (nicht so viel später) heiraten sollte. Ich reiste allein, weil ich allein sein wollte. Nicht weil ich es war. Meine Mutter hat mir erst kürzlich gestanden, dass sie das damals durchaus ein wenig beunruhigte, vielleicht auch, weil sie immer wieder gefragt wurde: «Wie, allein? Wieso allein?»

Wenn ich mit anderen reise, egal mit wem, passe ich mich automatisch an. Das ist ja auch richtig so. Nur bin ich, wie viele Frauen, so sehr auf den anderen eingestellt, dass ich gar nicht mehr weiß, was ich eigentlich selber will. Das macht mich zu einer dieser nervenaufreibenden Reisegefährtinnen, die jede Frage – sollen wir noch ein Stück weiterfahren oder ein Hotel suchen? Shoppen gehen oder Kaffee trinken? Chinesisch essen oder japanisch? – mit «Wie du willst» beantwortet. *Ja, mir isch gliiich!* Das führt, vor allem wenn ich mit einer ähnlich geschalteten Freundin unterwegs bin, zu slapstickartigen Szenen. So fuhr uns einmal die Flughafenbahn vor der Nase davon, weil jede die andere zuerst einsteigen lassen wollte. Vor lauter Höflichkeit hätten wir beinahe den Flug verpasst.

Wenn ich allein reise, mache ich meist gar nichts. Ich wandere ziellos durch die Straßen, verpasse knapp die aufregendsten kulturellen Ereignisse, laufe an allen Sehenswürdigkeiten vorbei, ohne sie wirklich zu sehen, sitze dafür stundenlang in Cafés und schaue den Menschen zu, die vorübergehen oder stehen bleiben. Ich steige in den falschen Zug und lande an einem Ort, an dem es nach acht Uhr abends nichts mehr zu essen gibt. Nur ein Pub ist noch offen, ich setze mich an die Theke, bestelle trotz Stirnrunzeln des Barmanns kein Bier, sondern ein Glas Wein, und stelle mir aus Salznüssen und Brezeln eine Mahlzeit zusammen.

Am Fernsehen läuft ein Fußballspiel, zwei junge Frauen lachen laut und schon etwas betrunken, der Barmann erzählt sehr schlechte Witze. Mein Telefon klingelt, es ist Lisa. Ich nehme es nicht ab.

Der Ernst (des Lebens)

Scheint es nur mir so, oder werden sie jedes Jahr kleiner? Sie stapfen die Straße entlang, allein oder zu zweit, den Blick entschlossen nach vorn gerichtet, wo, wie man ihnen erklärt hat, der Ernst des Lebens beginnen wird. Und zwar an diesem Montag, heute. Sind das wirklich Erstklässler? Sind sie nicht noch viel zu klein? Für des Lebens großen Ernst?

Der neugekaufte Tornister, verziert mit Comicfiguren, Sternen, japanischen Katzen, verdeckt den Körper fast ganz, der Turnsack aus noch steifem, glänzendem Stoff baumelt an der Seite, fast schleift er am Boden, und die Spitze des gelben Leuchtdreiecks hängt knietief wie der Hosenbund eines Rappers.

Ich erinnere mich an die ersten Schultage meiner Söhne – die waren damals doch bestimmt viel größer. Stabiler. Bereiter. Das bestätigen sie auch: Die jüngeren Schüler, auch die, die nur eine Klasse tiefer sind, kommen ihnen seltsam klein vor, unreif, jung. Sie selber waren doch in diesem Alter schon viel weiter, größer, stärker!

An meinen eigenen ersten Schultag kann ich mich kaum mehr erinnern, nur an die bange Vorfreude. Ich würde lernen. Ich würde aufstrecken. Ich räumte das neue Etui ein und aus, sortierte die jungfräulichen Stifte zum Regenbogen, ich packte meinen Thek, er war aus dunkelrotem, genarbtem Leder. Wie klein war ich? Auf dem Foto von diesem Tag wirke ich größer als die Kinder heute, vielleicht war aber auch nur mein Schulthek kleiner. Meine Kniestrümpfe hängen schief, einer rollt sich schon um den Knöchel. Ich trage neue Schuhe. Die anderen Mädchen trugen königsblaue Schultaschen aus glattem Leder. «Du hast ja einen Bubenthek!», riefen sie. Nichts war so, wie ich es mir vorgestellt hatte. Der Lehrer war streng. Oft verstand ich nicht, was er von mir wollte. Wenn ich die Geschichte, die er uns vorlas, mitspielte, mit Grimassen und Gesten begleitete, lachten die anderen Kinder. Ich hatte vom ersten Moment an das Gefühl, falsch zu sein, am falschen Ort. Ein Gefühl, das bis zum abrupten Ende meiner Schulkarriere nie ganz nachlassen würde.

Ein kleiner Junge geht vorbei, er hält den Blick gesenkt, die viel zu große Brille droht über die Nasenspitze zu rutschen, die hellen und dunklen Tupfen im Asphalt machen das Trottoir zu einer flimmernden Milchstraße, einer Sternenschnellbahn ins All. Schon hat er vergessen, was heute für ein Tag ist.

Zwei Mädchen halten sich an den Händen, hinter ihnen, in gebührendem Abstand, gehen die Mütter, und noch weiter hinten ein Vater. Vor dem Fußgängerstreifen bleiben sie alle stehen, erst der kleine Junge, dann die beiden Mädchen. Die Mütter, der Vater. Sie warten. Die Gespräche verstummen. Die Eltern haben sich vorgenommen, sich nicht einzumischen, «Sie müssen es lernen!», «Sie müssen es selber können!»

Seit Wochen bereitet eine Plakataktion auf diesen Tag vor. Ein kleines Mädchen schaut bittend in die Kamera: «Gell, du bremst dann schon für mich?» Als ob irgendjemand dieses Bild sehen und denken würde: Gute Idee! Bremsen! Wäre ich gar nicht drauf gekommen!

Die Erstklässler stehen und warten. Kein Auto weit und breit. Die Eltern zögern. Sollen sie etwas sagen? Rufen? «Es ist gut, ihr könnt gehen!»

Nein. «Sie müssen es schließlich lernen.»

So vieles.

Wie ernst ist ernst?, denkt der kleine Junge. Er schiebt die Brille hoch und runzelt die Stirn. Er schaut nach links, er schaut nach rechts. Dann ballt er beide Fäuste, holt tief Luft und läuft los. Er springt auf die andere Straßenseite wie über einen reißenden Fluss, von einem unsichtbaren Felsen zum andern, verfolgt von Krokodilen mit weit aufgerissenen Mäulern. Auf der anderen Seite angekommen, streckt er beide Fäuste in die Luft. Dann dreht er sich um und geht auf das Schulhaus zu, gefasst. Die anderen folgen ihm, die beiden Mädchen, die Mütter, der Vater. Die Glocke schellt.

Meine Männer

Nein, ich habe keinen Harem, und ich sage jetzt auch nicht: leider. Meine Energien sind schließlich begrenzt. Ich lebe nur, wie so viele, in einer Patchworkfamilie, habe zwei Kinder von zwei Männern, nichts Außergewöhnliches.

Außer vielleicht, dass wir mehr Familie sind als Patchwork. Geburtstage, Weihnachten, Ostern und Thanksgiving feiern wir zusammen. Mein Exmann hat uns jedes Jahr in San Francisco besucht und drei Wochen lang bei uns gewohnt. Wenn mir der Testosterongehalt im Haus zu hoch wurde, suchte ich bei einer Freundin Asyl. Wenn ich nach Hause kam, standen beide Männer am Herd und fachsimpelten über die Zubereitung von ganzen Tintenfischen, die dann niemand essen mochte.

Als mein Mann vor kurzem ein Fotobuch veröffentlichte, saß in der ersten Reihe, neben meinen Schwiegereltern und meiner Schwägerin, stolz auch mein Exmann. Und zu einer Zuspätgekommenen, entfernt Verschwägerten, die sich in die zweite Reihe setzen musste, sagte er: «Tja, du bist halt nur angeheiratet!»

«Und du?», fragte sie zurück. «Was bist denn du?»

Darauf wusste er keine Antwort. Sein Blick sagte: Ist es nicht offensichtlich? Ich bin Familie.

So war es natürlich nicht immer. Wir sind schließlich keine Heiligen. Keine Ehe zerbricht, ohne dass sich jemand an den Scherben verletzt, meist beide. Alle. Die Verletzungen verheilen oft nur langsam, sie eitern, sie entzünden sich, sie übertragen sich auf die Kinder. Der Historiker Christian Meier plädiert in seinem Buch nicht zu Unrecht für das Vergessen. Erst Vergessen macht Weiterleben möglich, sagt er. Er bezieht sich dabei auf Kriegsgreuel. Doch das Ende einer Ehe kann diesen sehr nahe kommen.

Mein Exmann behauptet bis heute, erst als ich meinen jetzigen Mann kennenlernte, sei mit mir überhaupt vernünftig zu reden gewesen. Ich sage, es waren die Kinder. Es war der Kleine, der zwei Windeln und eine Schoppenflasche in einen Spielzeugkoffer packte und verkündete, er gehe übers Wochenende mit seinem Bruder zu seinem anderen Vater. Als Vier- oder Fünfjähriger zeichnete er seine Familie: eine Ansammlung von Kopffüßlern, der bei weitem Größte davon sein Bruder, einem ebenfalls sehr großen langohrigen Hasen und einem Grabstein für den Großvater, den er nie gekannt hat. Sorgfältig beschriftete er die einzelnen Figuren, Großvater, Großmutter, andere Großmutter, Tante, Onkel, andere Tante, Vater, Mutter, Bruder, Hase, anderer Vater.

Und im Flugzeug zwischen Zürich und San Francisco erklärte er dem Älteren: «In der Schweiz teilen wir deinen Vater, in Amerika meinen. Dann muss nie einer traurig sein!»

Um als Flickwerkfamilie zu funktionieren, folgt man am besten dem Beispiel der Kinder. Kinder haben kein Problem damit, eine Familie größer zu machen. Es sind nie die Kinder, die sagen: «Die neue Freundin vom Papa darf aber nicht zu meinem Geburtstag kommen!» Nein, für sie ist klar, die gehört zum Papa, also gehört sie auch zu uns. Und ihre Kinder auch. Und der Vater der Kinder der Freundin vom Vater auch und so weiter. Was beklagen wir den Verlust der Großfamilie, wir haben sie längst wieder. Und wenn wir kurz wegschauen müssen, wenn eine fremde Frau Lippenstiftspuren auf den Backen unserer Kinder hinterlässt, oder wenn wir finden, die Stiefgeschwister würden bevorzugt, dann müssen wir uns vielleicht einfach vor Augen führen, dass es früher auch nicht immer leicht war. Unter den überkritischen Blicken der Schwiegermütter, den backenkneifenden Onkeln und Großvater Max, der regelmäßig am Tisch einschlief und mit dem Gesicht in die Suppe fiel.

Jede Familie ist ein Patchwork.

Unsere Kinder sind groß, der ältere Sohn, das Scheidungskind, hat längst eine eigene Wohnung. Sein Vater hat sich vor kurzem ein Motorrad gekauft, ein englisches. Mein Mann hat auch so eins. Jetzt fahren sie manchmal zusammen über Land, kurven durch die grüne Landschaft, knatternd den verschlungenen Wegen der Zugehörigkeit entlang.

Interruptus

Man kennt die Szene aus Filmen, die in den fünfziger Jahren spielen: Auf dem Perron wartet eine Armee gleichgekleideter Männer auf den Zug, während draußen ein Heer von Hausfrauen mit Lockenwicklern im Haar die Kombis wendet, mit denen diese Männer herangekarrt wurden. Die Frauen rauchen, und sie tragen Handschuhe. Sie winken einander zu, und dann fahren sie wieder nach Hause. Der Zug kommt, und die Männer steigen ein. So ist es heute nicht mehr, aber manchmal doch. Manchmal denke ich, ich lebe in diesem Film, in diesen fünfziger Jahren. An manchen Tagen. Allerdings trage ich keine Lockenwickler und frühmorgens auch keinen Lippenstift, sondern meist noch meinen Pyjama.

Das Problem dabei ist nicht die Zeitmaschine, die ich brauche, um sechzig Jahre zu überwinden, sondern die Tatsache, dass unsere Straße aufgerissen wird. Ich weiß, das habe ich vor einem Jahr schon einmal erzählt, aber so ist es nun mal mit den Straßen, bestimmt auch mit Ihrer: Sie werden aufgerissen und zugeschüttet und neu verteert, und dann werden sie vom anderen Ende her wieder aufgerissen. Es ist ein ewiger Reigen, wie die Jahreszeiten. Wobei das Aufreißen von Straßen gern mit extremen Wetterbedingungen zusammenfällt, mit Hitzewellen oder Regenstürmen, und man kann nicht anders, als die Arbeiter zu bedauern.

Neulich habe ich ihnen deshalb Nussgipfel vorbeigebracht.

«Aber warum?», fragte mein Mann. «Ich meine, es ist ja nett von dir, aber warum tun dir die Arbeiter leid?»

«Weil sie immer unterbrochen werden.»

Es gibt nichts Schlimmeres, ich weiß es. Ich schreibe einen Satz, es klingelt. Der Satz schnaubt durch die Nase und ist weg. Ich fische einen anderen aus der Luft, die Katze protestiert lauthals. Der Satz erschrickt und springt aus dem Fenster, und bis ich ihn wieder hereingelockt habe, ist es Zeit, das Mittagessen zu kochen. Ein halber Tag ist vergangen, ich habe nichts gemacht und bin trotzdem ganz erledigt.

Die Straße, an der ich wohne, endet in einem Kehrplatz. Man kann der Baustelle also nicht ausweichen. Jedes Mal, wenn ein Auto naht, muss erst der große Schaufelbagger wegfahren, dann der Kipplaster, dann kommt ein kleiner Bagger angetuckert und schiebt mit der Schaufel eine schwere Eisenplatte auf das Loch in der Straße. Und wenn der kleine Bagger dann auch noch einen Platz zum Ausweichen gefunden hat, dann fährt das Auto durch. Dann werden alle beschriebenen Schritte in umgekehrter Reihenfolge durchgeführt, bevor endlich weitergearbeitet werden kann. Doch dann rollt schon das nächste Auto an. Und das alles, wie gesagt, meist bei strömendem Regen.

Allein diesen Vorgang zu beschreiben, macht mich vollkommen fertig.

Mein fiebriger Geist entwirft Szenarien, in denen ein Bus alle Anwohner zur gleichen Zeit abholt und wieder nach Hause bringt, oder, warum nicht, Autoverbot für die ganze Straße oder noch besser: Hausarrest! Niemand fährt zur Arbeit oder zur Schule oder zum Einkaufen, wir werfen den Inhalt unserer Kühlschränke zusammen und haben es lustig miteinander. Doch dann steht mein Mann in der Tür und ruft gehetzt: «Kannst du mich schnell zum Zug fahren?»

Natürlich. Am Bahnhof frage ich mich, warum ich keine anderen Frauen im Pyjama sehe, die ihre Männer hier abladen, und dann fahre ich zurück, es sind kaum zehn Minuten vergangen. Der Vorarbeiter hält mich an und bittet mich höflich, doch nicht ständig die Straße rauf- und runterzufahren, das sei ein bisschen mühsam.

«Ja, aber wenn ich doch in den fünfziger Jahren lebe!», rufe ich hysterisch. Im Rückspiegel sehe ich den Mann nach seinem Handy greifen, er ruft seine Frau an, stelle ich mir vor, er sagt ihr, wie froh er ist, mit ihr verheiratet zu sein. «Du machst dir keine Vorstellung!» Hysterische Weiber, die den ganzen Tag die Straße rauf- und runterfahren!

Dafür bringen sie dann eben Nussgipfel.

Juppiduu

In meinem Kopf leben Affen. Kleine und große, alte und junge, dicke, dünne, schwarze, braune und orangefarbene. Sie sitzen faul herum, sie kratzen sich am Kopf, manche lausen sich gegenseitig das Fell. Sie schlagen Purzelbäume quer durch den Raum – durch meinen Kopf. Sie schwingen sich an dicken Seilen durch die Luft, sie schmeißen mit Bananenschalen, und am liebsten kreischen sie alle durcheinander. In meinem Kopf ist es nie langweilig. Aber manchmal auch ziemlich anstrengend. Die Affen sind schwer zu bändigen, und wenn ich nicht aufpasse, reden sie mir sogar in die Arbeit drein.

Damit bin ich aber nicht allein: Der sogenannte «Affengeist» ist ein bekanntes Phänomen, ein fester Begriff, der in Meditationskursen gebraucht wird. Mit Meditation soll man die Affen ja in Schach halten können. Bei mir ist es allerdings eher so, dass die Affen die Meditation bestimmen und zur reinen Folterstunde gestalten. Es ist das Stillsitzen, das sie nicht aushalten, die Affen. Schon nach wenigen Minuten beginnen sie, an die Wände meines Kopfes zu poltern. Dagegen hilft dann nur noch mehr Meditation.

Aber es gibt ja auch andere Methoden. Yoga zum Beispiel. Oder spazieren gehen. Oder eine Kombination von beidem. Man nennt das «breathwalk», also «atmen gehen». Es ist im Grunde dasselbe wie spazieren gehen, nur dass man dabei seine Atemzüge zählt. Eins-zwei-drei-vier Schritte ein, eins-zwei-drei-vier Schritte aus. Das gibt den

Affen schon mal eine ganze Weile zu tun. Und wenn ihnen das langweilig wird, kann man immer noch ein Mantra dazunehmen, zu jedem Atemzug einen indischen Spruch aufsagen. Indische Sprüche sind weniger leicht zu merken als zum Beispiel «A-zelle, Bölle schele», aber gerade das macht sie wirkungsvoll. Je schwieriger, desto beschäftigter die Affen. Diesen Spruch rezitiert man natürlich nur im Kopf, sonst wird man für verrückt gehalten oder, schlimmer noch, für einen Dauertelefonierer. Ich gehe also in den Wald. In meinem Kopf herrscht Hochbetrieb. Doch die Schönheit der Landschaft direkt hinter meinem Schreibtisch bringt einen Moment andächtiger Stille.

«Schöööööööööööööööön!», seufzt etwas in mir. Von diesem Teilerfolg ermutigt, beginne ich zu atmen und zu zählen. Eins, zwei, drei, vier. «Sa-ta-na-ma», atme ich ein, und dann fällt mir mein Schwiegervater ein, der beim Spazierengehen im Wald gern Gedichte rezitiert. Er hat, soviel ich weiß, keine Affen im Kopf, sondern trainiert so sein Gedächtnis. Welches ohnehin schon Klassen besser ist als meins, denn mir fällt nur eine einzige Zeile ein: «Wir Kinder im Juli geboren...» Wie komme ich nun ausgerechnet darauf? Weil ich selber im Juli Geburtstag habe. Die Affen lachen sich einen Schranz. «Eitel geht die Welt zugrunde!», krähen sie. «Sa-ta-na-ma», probiere ich es noch einmal, «sa-ta-na-ma», jetzt mit einer gewissen Verzweiflung, bald bilden sich vor lauter Konzentration tiefe Falten in meiner Stirn, und ich sehe den Wald vor lauter Bäumen nicht mehr. Dabei ist er doch so schön, dieser Wald. Ich bleibe stehen und schaue nach oben. Licht schimmert durch die grünen Blätter und tanzt auf meiner Nase. Und dann fällt aus dem Nichts ein Lied in meinen Kopf, ein uraltes Lied von Adriano Celentano. Es wird von den Affen begeistert aufgegriffen. Als ich dieses Lied zum ersten Mal hörte, war ich fünfzehn. Ich saß mit einer Freundin auf dem Fensterbrett und ließ die Füße über die Dachkante baumeln. Ich glaube, wir rauchten. Im Zimmer auf dem Fußboden der tragbare Plattenspieler meines Bruders. Auf dem Plattenteller drehte sich endlos Celentano. Und jetzt ist er in meinem Kopf und geht nicht mehr weg. Die Töne verheddern sich in den Lianen, an denen die Affen mit ungebrochenem Vergnügen herumturnen. So gehe ich durch den Wald und schlenkere meine langen Arme, die Affen formieren sich zum Chor und singen in seltener Eintracht: «Juppiduu, juppiduu, juppiduuu, juppiduuiduu, juppiduu...» Das ist, in meinem Kopf, ein perfekter Moment.

Herbst der Liebe

Frühling der Liebe ist einfach. Sommer auch. Interessant wird es erst im Herbst. Aber manchmal auch kalt. Der Nebel verdeckt morgens beim Aufwachen schon die Sicht auf alles. Erst gegen Mittag, wenn er sich langsam auflöst, erkennt man wieder die vertrauten Formen der Umgebung. Doch einzelne Fetzen verfangen sich in den bald schon kahlen Ästen, wo sie melancholisch baumeln. Der Sommer ist zu Ende. Es kann nur noch kälter werden. Die Luft riecht schon nach Schnee, und doch bricht plötzlich wieder die Sonne durch.

Unsere Ehe ist gut. Sehr gut sogar. Woher ich das weiß? Aus der Zeitung. Genauer gesagt, aus einer Buchbesprechung. Der neue Roman von Jonathan Franzen, *Freiheit*, wurde von Andreas Isenschmid so angepriesen: «Ein hinreißendes Manifest für alle Anhänger guter und also komplizierter Ehen.»

Gut und also kompliziert. Kompliziert und also gut. Das leuchtet ein. Das entspricht der eigenen Erfahrung. Und es stimmt nicht nur für die Ehe. Wenn man es sich genau überlegt, lässt sich diese Gleichung auf alles anwenden. Ein Buch, ein Gericht, ein Lied. Auf Menschen, auf das Leben. Nichts ist einfach, klar, schwarz und weiß. Wenn man genau hinschaut, wenn man sich Zeit nimmt. Hat alles verschiedene Seiten, Facetten, die in der Sonne glänzen, die von Nebelfetzen verhangen sind. Die sieht man erst im Herbst. Im Herbst wird es erst richtig interessant.

Manchmal wünschte ich mir allerdings, es wäre nicht so. Es wäre umgekehrt. Von ganzem Herzen wünsche ich mir das. Es wäre gut und also einfach. Gut und also problemlos. Gut und also keine weiteren Fragen.

Genauso wie Kinderlose mit einer Mischung aus Mitleid und Verachtung beobachten, wie sich ein Zweijähriger vor dem Süßigkeitenregal im Supermarkt auf den Boden wirft und brüllt, bis er blau ist im Gesicht, und bei sich denken: Mein Gott, so etwas würde mir nie passieren, genauso sitzen Frischverliebte im Restaurant, die Füße ineinander verhakt, die Teller unberührt, und mustern schaudernd das ältere Paar in der Ecke, das sich schweigend hinter Zeitungsteile verzogen hat wie zwei Boxer in ihre Ecken im Ring. Das wird uns nie passieren, denken sie, nie. Es ist Frühling, und das Einzige, was in der Luft liegt, ist noch mehr Sonne, Sommer.

«Die einzigen Ehen, die halten, sind die, die man nicht verlässt», sagte einst Schauspielerin Sharon Stone kryptisch. Kurz darauf kündigte sie ihre Scheidung an. Das tobende Kind im Supermarkt kann man nicht einfach da liegen lassen, allenfalls gegen ein ruhigeres, braveres, älteres oder jüngeres eintauschen. Den Geliebten hinter der Zeitung schon. Man kann das Schweigen unterbrechen, aufstehen und gehen. Man kann immer wieder von vorn anfangen, bevor der Sommer je zu Ende geht. Immer wieder Frühling: Vielleicht ist das einfacher. Einfacher und also besser?

«Wie habt ihr euch eigentlich kennengelernt?», würde ich das schweigende Paar fragen, obwohl fremde Kennenlerngeschichten nie interessant sind. Schön ist, was in den Gesichtern passiert, sie tauchen hinter der Zeitung auf und werden weich. Der Blick schweift weit ab und wieder zurück.

«In Kairo», sage ich dann. «Im November 1992.» Ich war zu einer kleinen Lesereise eingeladen, zusammen mit der unvergleichlichen Rosemarie Buri, Friede ihrer Seele. Am Flughafen holte uns Ursula Rindlisbacher von der Pro Helvetia ab. Sie hatte gerade ein neues, größeres Auto bekommen, mit dem sie sich im Verkehrsgewühl von Kairo noch nicht wohl fühlte. Also fragte sie den jungen Fotografen, der gerade bei ihr wohnte, ob er sie zum Flughafen fahren könne. Das klingt nach nichts, doch das war es schon. Am nächsten Tag zeigte er mir die Stadt. Dabei ging er immer zehn Schritte vor mir her. Am Abend sagte er, er habe sich in mich verliebt. «Ich bin zu alt für dich», antwortete ich.

Auf dem Papier trennen uns nur zwei Jahre. Trotzdem stimmt es immer noch. Alles stimmt immer noch. Die Sonne bricht durch den Nebel.

Roosevelt

Neulich hatte ich einen schlechten Tag. Das kommt schon mal vor. Wir haben alle gute Tage und schlechte Tage. Was die einen von den anderen unterscheidet, ist nicht immer klar. Die Kriterien ändern sich, ihre Bestimmung ist subjektiv und natürlich auch relativ. Selbst ein sehr schlechter Tag in der Schweiz wäre an vielen anderen Orten auf der Welt vermutlich als guter Tag zu werten. Das ändert nichts an der Tatsache, dass man sich an einem schlechten Tag eben – schlecht fühlt.

Ich zum Beispiel, ich neige dazu, ein Missgeschick persönlich zu nehmen. Entweder als erneuten Beweis meiner grenzenlosen Unfähigkeit oder als Ausdruck der Missgunst einer wie immer gearteten höheren Macht, die achtlos auf mich tritt wie auf einen Wurm, der sich auf dem heißen Pflaster windet. Beides fühlt sich nicht gut an.

Mit einer solchen Einstellung kommt man an schlechten Tagen nicht weit, das ist mir durchaus bewusst. Ich habe genügend Ratgeberkolumnen, Selbsthilfebücher und spirituelle Schriften gelesen, um zu wissen: Man darf das Leben nicht persönlich nehmen. An guten Tagen kein Problem. Doch an schlechten ist das leichter gelesen als umgesetzt.

An diesem Tag also war in mein Mietauto eingebrochen, die Scheibe eingeschlagen worden. Statt über die Brücke zu einer Freundin fuhr ich zur Autovermietung in der Innenstadt. Ein kalter Wind fegte mir Glassplitter ins Gesicht. Der telefonisch versprochene, unbürokratische Umtausch entwickelte sich zur kafkaesken Komödie. Nach langem Anstehen in einer schlechtgelüfteten Tiefgarage wurde ich erst einmal gehörig zusammengestaucht, was mir denn einfiele, das Auto über Nacht draußen stehen zu lassen? Dann wurde ich zum nächsten Polizeiposten geschickt, um die Sache zu melden. Auch dort: warten. Zurück in der Tiefgarage wurde ich erneut zusammengestaucht und dann um sechshundert Dollar erleichtert. Erst als ich den Tränen schon ziemlich nahe war, wurde mir ein neues Auto versprochen. «Warten Sie dort drüben!», befahl der unfreundliche Mann. Da saß ich im flackernden Neonlicht, und draußen ging ein Tag vorbei. Ab und zu schaute ich auf und versuchte den Blick des unfreundlichen Mannes einzufangen. Irgendwann gab ich auf und stellte mich wieder in die Schlange vor seinem Schalter. «Ihr Auto ist dort drüben!», schnauzte er mich an.

Und dort drüben war auch Roosevelt. Das war zumindest der Name, der in Schnörkelschrift auf die Brusttasche seines roten, ölverschmierten Overalls gestickt war. Roosevelt war klein und hager, tiefe Falten kerbten sein Gesicht. Seine Dreadlocks waren grau und im Nacken mit einem Stück Schnur zusammengebunden. Ein Zahn fehlte ihm, ein anderer glänzte dafür golden.

«Wie geht es Ihnen heute?», fragte er, und die ganze Frustration des Tages brach aus mir heraus. Dann verstummte ich beschämt. Was erzählte ich dem Mann meine Luxusprobleme? Ich war immer noch in den Ferien, die Kreditkarte gedeckt, meine Freundin würde ich ein andermal sehen, und überhaupt: Ich würde jetzt gleich hinausfahren, ans Tageslicht, während Roosevelt in dieser Vorhölle gefangen war.

Doch Roosevelt urteilte nicht über mich. «Das tut mir leid», sagte er. Er sagte es ganz ernst, ganz einfach, und ich fühlte mich verstanden. Dankbarkeit erfüllte mich, für diesen Moment, diese Begegnung, so unwahrscheinlich sie war. Was wusste ich über Roosevelt, außer dass es zwei amerikanische Präsidenten mit diesem Namen gegeben hat? Später schlug ich nach und lernte, dass sich der zweite von ihnen, Franklin D., am Grundsatz von Ralph Waldo Emerson orientierte: «Der einzige Weg, einen Freund zu haben, ist, einer zu sein.»

Der Roosevelt der Tiefgarage reichte mir den Autoschlüssel. «Machen Sie jetzt etwas Schönes», sagte er. «Sie sollten diesen Tag genießen.» Das tat ich dann auch. Roosevelt war mir ein Freund gewesen, an diesem Tag, der plötzlich ein sehr guter Tag war.

Das rote Kleid

«Das ist für dich», sagte sie und hielt ein rotes Abendkleid am Bügel hoch.

«Für mich, spinnst du?»

Sie hielt es vor meinen Körper, hielt den Kopf schief, kniff die Augen zusammen. Rauch stieg von der Zigarette auf, die sie zwischen ihre perfekt geschminkten, knallroten Lippen geklemmt hatte. Sie trug mehrere Ringe an jedem Finger und ein Seidentuch im Haar. Sie sah aus wie jemand, den es in der Realität nicht geben kann. Nicht an einem normalen, müden Donnerstagabend im unordentlichen Treppenhaus einer Freundin, zwischen Turnschuhen von Teenagern und Papiertragetaschen voller Bücher. Eine Erscheinung.

«Das wird passen wie angegossen», entschied sie. «Zieh es an!»

Das Kleid war bodenlang, hochgeschlitzt, von gitterartigen Einsätzen unterbrochen. Und eben rot. Ein Kleid, wie ich es nie tragen würde. Wann auch, wo auch, wozu auch. Trotzdem nahm ich den Bügel, hielt ihn sorgsam in die Höhe und verzog mich hinter eine schwere Holztür. Einer Erscheinung widerspricht man nicht.

Ich kenne sie nicht gut, treffe sie nur manchmal bei dieser Freundin. Ich weiß nicht, was sie macht, aber unter anderem mistet sie die Kleiderschränke reicher Damen aus, und manchmal fällt dabei etwas ab für eine Freundin, die Freundin einer Freundin, eine zufällig Anwesende, mich.

Ich habe sie noch nie anders als perfekt gekleidet und geschminkt gesehen – wobei perfekt das falsche Wort ist, Perfektion ist langweilig und angestrengt, nichts würde weniger auf sie zutreffen. Sie ist eher wie ein Kind, das sich jeden Tag neu verkleidet. Aus einem unerschöpflichen Fundus eine neue Identität kreiert, jeden Tag. Jedes Detail ist durchdacht und doch spielerisch und leicht hingeworfen, ein Tuch an den Riemen der Tasche geknüpft, ein Monokel in der Brusttasche, eine Feder hinter dem Ohr.

Ich könnte sie stundenlang ansehen. Ich kenne keine anderen Frauen wie sie. Einmal hat sie mich zum Bahnhof gefahren, in einem unmöglichen, riesigen, puderblauen Schiff von Auto, und die kurze Fahrt wurde zum Ereignis. Sie versprühte Parfüm, betupfte mich mit Puder und erzählte mir von einer Hauswand, die sie mit Muscheln beklebt hatte. Das Auto wurde zum fliegenden Teppich, und als wir am Bahnhof ankamen, wollte ich gar nicht mehr aussteigen. Gar nicht mehr in die Realität zurücktreten, die plötzlich so grau schien.

Kann man so leben? Kann jeder Tag ein Fest sein? Jede alltägliche Handlung ein Happening? Ich weiß es nicht. Aber ich ziehe das Kleid an, und es passt. Wie angegossen. Wie sie gesagt hat. Ich schaue in den Spiegel. Bin das ich? An meinen Zehennägeln blättert der Lack, mein Gesicht ist ungeschminkt, meine Haare sind ungekämmt und grau. Zwischen Kopf und Fuß aber bin ich ein Filmstar, eine tragische Diva, ein Rachegöttin, eine – Erscheinung.

Ich drehe mich vor dem Spiegel. Könnte ich auch jemand anderes sein? Ich reiße mich los, widerwillig, von dem Bild im Spiegel und von dieser Vorstellung.

«Das werde ich nie tragen», sage ich bedauernd.

«Warum nicht?» Sie versteht nicht. «Es ist doch so schön!»

«Ja, aber wo soll ich das tragen? Solche Gelegenheiten gibt es in meinem Leben nun mal nicht.»

«Gelegenheiten?» Das versteht sie nicht. «Du brauchst doch keine Gelegenheit!», ruft sie. «Trag es zum Zähneputzen!»

Das Kleid hängt in meinem Badezimmer, und wenn ich es nicht zum Zähneputzen trage, so schaue ich es wenigstens an und denke: Es könnte so sein. Es könnte ganz anders sein.

(Katzen-)Damen-Dramen

«Das ist ja wie in der Lindenstraße!», rufe ich. Seit einer Stunde versucht mir meine Freundin, das Beziehungsgeflecht, das sich über den Hof spannt, in dem wir gemütlich sitzen, zu erklären. Es ist verwickelter als das einer Seifenoper.

«Also noch mal», bitte ich. «Susy ist schwanger von Max...»

«Genau. Und Mizzi im dritten Stock auch. Aber Max lässt sich nicht mehr blicken...»

«Kann ich ihm nicht verdenken!»

«... seit Prinzli eingezogen ist. Prinzli ist ein Rabauke, der hat Max gleich am ersten Tag die Nase blutig geschlagen!»

Wir sitzen im Hof des Mehrfamilienhauses, in warme Decken eingemummelt, es ist einer der letzten schönen Abende des Jahres, im Grunde schon zu kühl, um noch draußen zu sitzen, aber wenigstens regnet es nicht. Über uns blinken bunte Glühbirnen, gaukeln uns Ferien vor. Angestrengt versuche ich den Überblick zu bewahren.

«Aber das ist noch nicht das Schlimmste», fährt meine Freundin fort.

«Nicht?» Ich frage mich, was da noch kommen kann. Ein bösartiger Zwilling, ein Hirntumor, es war alles nur ein Traum? In Seifenopern kenne ich mich aus, aber die Dramen, die sich hier in diesem ruhigen, typisch schweizerischen Mehrfamilienhaus abspielen, die fordern sogar mein Vorstellungsvermögen heraus. Potenziert wird das herrschende Beziehungschaos noch durch die Tatsache, dass Susys erwachsene Tochter im Erdgeschoss wohnt. Max ist früher bei ihr ein und aus gegangen, man fragt sich, ob er nicht bei ihr dauerhaft Unterschlupf gefunden hat. Doch auch Prinzli wird regelmäßig dabei beobachtet, wie er durch ihre Tür schlüpft. Das treibt nun wiederum ihre Mutter Susy auf die Palme beziehungsweise auf den Nussbaum, der im Hinterhof steht. Und das in ihrem Zustand! Letzte Woche musste die Feuerwehr kommen und die Hochschwangere aus dem Geäst befreien.

«Unglaublich», seufze ich wohlig, die Dramen anderer sind ja immer unterhaltsamer als die eigenen. Einen Moment lang beneide ich meine Freundin um das dichte, unordentliche, pulsierende Leben um sie herum, die offen zur Schau gestellten Verwicklungen und Verstrickungen, die sich in einem Einfamilienhausquartier so viel besser verstecken können. «Würde ich hier wohnen», sage ich, «müsste ich nur aus dem Fenster schauen, um meine nächste Geschichte schreiben zu können!»

«Untersteh dich!»

Dabei sind das nur die Katzen. Die Nachbarn meiner Freundin führen vergleichsweise ordentliche Leben, sie gehen geregelten Tätigkeiten nach und kehren meist abends in dieselbe Wohnung, zum selben Partner zurück.

Ein Schatten huscht durch den Hof, die Hauswand hinauf, ein gellender Schrei ertönt. Prinzli ist wieder auf der Walz. Meine Freundin seufzt. «Es muss etwas passieren», sagt sie. «So kann es nicht weitergehen. Es gibt eigentlich nur eine Lösung ...» Ihre Nachbarin gesellt sich zu uns, sie stellt einen selbstgebackenen Kuchen auf den Tisch. Ein

Blick wird gewechselt, die Szene hat etwas Gestelltes, und plötzlich weiß ich, dass ich in die Falle gegangen bin.

Und richtig: «Prinzli muss weg», seufzt die Nachbarin. Sie stellt ein Stück Kuchen vor mich hin – Zwetschgen! Mit Rahm! –, und meine Freundin nutzt den Moment: «Kannst du ihn nicht nehmen?»

«Bei dir hätte er es doch schön», sagt die Nachbarin, die mich gar nicht kennt. Eindeutig hat sie sich mit meiner Freundin abgesprochen. Der ganze Hof ist an der Verschwörung beteiligt! Irgendwo – im dritten Stock? Bei der ebenfalls schwangeren Mizzi? – wird geschrien und gefaucht. Ich denke an meine Katzen zu Hause, die gstabige alte Lulu, die verwirrte Fuzzy. «Nein.» Ich schiebe den Teller von mir, der Appetit ist mir vergangen.

Als ich nach Hause komme, liegt Lulu auf dem Heizkörper. Sie hat sich seit meinem Weggang nicht bewegt. Fuzzy starrt den leeren Futternapf an, als könnte sie ihn mit mentaler Kraft füllen. Und das ist für heute Drama genug.

High Noon im Mittelland

Neulich habe ich mich in einem der umliegenden Dörfer verirrt, was dazu führte, dass ich dieselben Nebenstraßen mehrmals hintereinander im Schritttempo entlangfuhr.

Dabei fielen mir drei kleine Buben auf. Wie alt waren sie? Schwer zu sagen. Wer kleine Kinder hat, kann das Alter von Babys auf den Monat genau schätzen und empfindet elfjährige Jungs als riesige, trampelige, bedrohliche Rüpel. Wer mit Teenagern lebt, sieht in den minimal bekleideten, starkgeschminkten Mädchen, die in Trauben am Bahnhof stehen und eine Flasche Fusel herumreichen, noch unschuldige Kinder.

Die kleinen Jungen also sahen für mein nicht mehr geübtes Auge wie im Kindergartenalter aus. Vier, fünf Jahre. Zwei von ihnen standen auf der einen Seite der Straße, vor einem Briefkasten. Sie hatten die Arme angewinkelt, die Fäuste geballt. Auf der anderen Straßenseite der Dritte, über die Lenkstange seines Velos – mit Stützrädern – gebeugt, die Stirn unter dem Rand der Wollmütze bedrohlich gerunzelt. Als ich das erste Mal vorbeifuhr, sagten sie nichts, keiner von ihnen, sie verharrten nur so, reglos, und für einen Augenblick wich der dichte mittelländische Nebel der gleißenden Sonne des Wilden Westens, verwandelte sich die geteerte Straße in einen staubigen Platz, aus der Ferne erklang das Donnern von Pferdehufen und das langgezogene, unheilvolle Stöhnen einer Mundharmonika: «Spiel mir das Lied vom Tod.»

Ich hätte gerne angehalten, doch ich musste weiter. Die Straße führte allerdings nicht dorthin, wohin ich gehofft hatte, ich kehrte um. Als ich wieder um die Ecke bog, flogen Worte über die schmale Straße wie Wurfgeschosse, wie Kugeln aus Gewehrläufen, zwischen den kleinen ordentlichen Wohnhäusern hin und her.

«Furzkopf!»

«Selber!»

«Gar nicht!»

«Wartet nur … wartet nur … wartet nur: Ich schupf euch in den Kompost!»

«Und wir dich ins Loch!»

«Unter die Erde!»

«Bis nach Afrika!»

Wieder die klagenden Geigen, das Lied vom Tod. Unmerklich hatte sich das Vorderrad des Fahrrads abgewandt, zur Flucht bereitgemacht. Das treue Pferd war klüger als der hitzköpfige Held. Die anderen beiden spürten das und traten einen Schritt nach vorn.

Langsam rollte ich mitten durch dieses mittägliche Drama hindurch. Meist bin ich froh, dass meine Kinder nicht mehr klein sind. Aber in diesem Moment vermisste ich es plötzlich ganz heftig: das tägliche Leben in einer Parallelwelt, mit Prinzessinnen und Banditen, mit Superhelden und unsichtbaren Freunden. Die ernsthaften Diskussionen über böse Männer vor dem Fenster oder unter dem Bett. Und wie man sie sich vom Leibe halten wird. Die unvermittelt gestellten philosophischen Fragen, die nach sofortiger Antwort verlangen, im vollbesetzten Bus, in der Schlange vor der Kasse im Supermarkt: Wo war ich, bevor ich zur Welt kam? Kanntest du mich da schon? Wo wohnt

Gott? Warum bist du eine Frau, und ich nicht? Warum stirbt man?

Mein Vater soll beim Anblick meines neugeborenen, frischgewickelten und in einen sauberen Strampler gekleideten Bruders gesagt haben: «Sie haben einen Bürger aus ihm gemacht.» Das nackte Kind bleibt nicht lange nackt. Der allwissende Blick des Neugeborenen verschleiert sich. Jeder Tag im Leben eines Kindes ist ein Schritt aus seiner Welt hinaus und in die unsere hinein. Bis es eines Tages am Frühstückstisch verkündet: «Die Zahnfee gibt es nicht!»

Ich schaue in den Rückspiegel. Der Junge mit dem Fahrrad strampelte jetzt mit hocherhobenem Haupt davon. Die beiden anderen standen in der Mitte der Straße, die wieder nur ihre war. Sie hatten den Eindringling vertrieben. Von irgendwo rief eine Frauenstimme: «Reinkommen! Aber sofort! Es gibt Mittagessen!»

Und rettete so die Ehre dreier Desperados.

Roll over and die!

Genau genommen darf ich hier keine englischen Wörter brauchen, da ist der Herr Redaktor sehr streng, und er hat ja recht. Ich schüttle selber den Kopf, wenn ich mitten im Mittelland an einer Kartonschachtelfabrik vorbeifahre, die «more than packaging!» verspricht. Der englische Spruch inmitten dieser urschweizerischen Landschaft wirkt seltsam deplatziert. Kann man nicht auf «mehr als nur Verpackung» stolz sein? Das nächste Schild, an dem ich vorbeifuhr, «Flower vom Bauer!», gefiel mir allerdings schon wieder. Aber lassen wir dieses Thema, das in diesem Heft ja bereits ausführlich behandelt und diskutiert wurde.

«Roll over and die!» – «Leg dich auf den Rücken und stirb!» – heißt so viel wie «Gib schon auf!» Kinder, die in der Sommerhitze mit gezogener Wasserpistole aufeinander losstürmen, rufen es, Jugendliche, die sich ein Witzeduell liefern, eingeschworene Scrabblespieler, die ein Y auf den dreifachen Buchstabenwert legen konnten. Man sagt es aber auch, wenn man sich geniert. Wenn man etwas Peinliches erlebt hat, wie die Leserinnen und Leser, die uns den Sommer hindurch unterhalten haben, die hätten alle mit diesem Satz schließen können: Da wollte ich mich bloß noch auf den Rücken legen und sterben!

Das alles machte plötzlich auf unheimliche Art Sinn, als mich die an sich sehr nette Dame vom Kundendienst der Cablecom fragte: «Ja, wissen Sie denn nicht, was ein Rollover-Vertrag ist?»

Ich hatte angerufen, um zu fragen, warum ich weiter Rechnungen bekäme für einen Kasten, den ich doch längst zurückgeschickt hatte.

«Liegt der Kündigungsvertrag vor Ihnen?», fragte sie.

Ich bejahte. «Ja, dann lesen Sie ihn mir doch einmal vor.»

Und erst da, als ich es laut aussprach, merkte ich, dass da «April 2011» stand und nicht 2010. Ein volles Jahr lang würde ich also weiter hundert Franken pro Monat für den digitalen Kasten bezahlen, den ich gar nicht mehr hatte.

«Ist das legal?»

Ja. Das ist legal. Man nennt es einen Rollover-and-die-Vertrag. Jetzt war mir auch klar, warum man das auf Englisch sagen muss, denn ein Ergib-dich-Vertrag würde vielleicht sogar die Dümmste – mich – misstrauisch machen. Einen Rollover-and-die-Vertrag kann man nur zu ganz bestimmten Momenten und unter ganz bestimmten Bedingungen auflösen. Das wird einem aber nicht gesagt, wenn man anruft und sagt, man wolle kündigen, nein, das steht im Kleingedruckten. Das Kleingedruckte ist ja, theoretisch weiß man das, das Wichtigste an einem Vertrag. Trotzdem liest man es nur selten, weil es einfach zu klein ist.

Dass Geschäfte machen («Business») etwas mit «Leistung gegen Geld», «Gegenwert gegen Geld» zu tun hat, das glauben nur die Naiven, die Dummen, ich. Ein gutes Geschäft macht der, der Geld bekommt, ohne etwas dafür zu tun. Außer natürlich, das Kleingedruckte klein genug zu drucken.

Mein älterer Sohn hat zwischen Schule und Studium eine Zeitlang als Telefonverkäufer gearbeitet. Das schockierte mich so, dass ich drohte, ihn zu enterben – eine allerdings im wahrsten Sinne des Wortes leere Drohung. «Du verdienst dein Geld damit, Leute wie mich übers Ohr zu hauen», sagte ich. Er wehrte sich, er würde ja nur für die Winterhilfe ... für spanischen Rotwein ... für einen guten Zweck ... Er hat es trotzdem nicht lange gemacht. Es ging ihm zu sehr gegen den Strich. Ich war beruhigt. Andererseits wird man mit einer solchen Einstellung («Ich mag einfach niemanden *überschnorre*») natürlich nicht reich.

Zur Ehrenrettung der Cablecom sei gesagt, dass sie mir anboten, den Kasten wieder zurückzuschicken. Ich lehnte ab – ich wusste, dass ich ihn dann nie wieder loswürde. Auch so gehe ich davon aus, dass ich bis an mein Lebensende weiterbezahlen muss, weil ich es wohl nie schaffen werde, die Kündigung genau am Tag vor meinem Geburtstag um Punkt vier nach zwei von einem berittenen Boten in einem rotweiß gestreiften Hemd überbringen zu lassen.

Saure Trauben

Ich war wieder mal ganz schön gereizt. Mit einem säuerlichen «Exgüsee!» schob ich mich an der Traube vorbei, die sich vor dem Eingang des Lebensmittelladens gebildet hatte. Männer, Frauen, Einkaufstüten, Kinderwagen. Dabei bewegte ich mich mit voller Absicht sehr umständlich, als bildete diese Menschenansammlung ein unumschiffbares Hindernis zwischen mir und dem Eingang zum Laden. Und als sei dieser Laden, in dem ich kurz vor Kursbeginn noch eine Flasche Kaffeerahm kaufen wollte, eine Rettungsboje in wild aufschäumender See. Als sei es eine Mission von übergeordneter Wichtigkeit, von nationaler Bedeutung, dass ich ihn ohne Verzögerung erreichte. Vermutlich schnaubte ich auch laut durch die Nase.

Was müssen die auch hier herumstehen, sehen sie denn nicht, dass sie den Eingang versperren, die meinen wohl, wir hätten alle nichts Besseres zu tun, als geduldig in der Kälte zu warten, bis sie fertig geplaudert oder sich wenigstens einen halben Meter weiterbewegt haben?

Überhaupt, bin ich die Einzige, die es heute eilig hat? Ist Advent etwa nur für mich ein Synonym für Endspurt? Muss niemand vor den Feiertagen noch alles erledigen, was das ganze Jahr nicht zum Erledigtwerden drängte? Und was dann plötzlich, kurz vor Jahresende, wie eine Lawine von Unerledigtem über einem zusammenschlägt.

Ich versuche immer, den Dezember relativ frei zu halten. Weil ich weiß, dass dieser Monat sein eigenes, ganz und gar unberechenbares Temperament hat. Irgendetwas ist im Dezember immer. Weihnachtsessen, Geschäftsaperos, Nachbarschaftstreffen, Geburtstage... Und dann das: Überall bleiben die Leute stehen, mitten auf der Straße, vor der Tür der Bäckerei, auf dem Perron zwischen zwei fahrenden Zügen. Sie rotten sich hinter der Kasse zusammen, ihre Einkäufe stauen sich auf dem Fließband, sie lungern an der Kioskauslage herum, obwohl sie ihre Zeitschrift längst bezahlt haben, ihre Schachtel Zigaretten. Und sie begrüßen sich, als hätten sie sich lange nicht gesehen, als hätten sie nur aufeinander gewartet:

«Ja so etwas, ja hallo, was machst du denn hier?»

Blöde Frage, denke ich und trete von einem Fuß auf den anderen, das siehst du doch, sie kauft sich eine Zeitschrift, sie wartet auf den Zug, sie muss noch Brot besorgen oder vier Kerzen kaufen. Genau wie du. Wir machen alle dasselbe. Wir rennen den Tagen hinterher, die sich vor unseren Füßen auflösen, zerfallen in nichts.

Oder wir würden rennen, wenn wir nicht alle paar Meter aufgehalten würden von einer solchen Traube.

«Ja, nein! Dass ich dich hier treffe! Wie geht es dir? Machst wohl auch deine Weihnachtseinkäufe, wie? Ich hab halt alles schon im Sommer gemacht, da ist es am billigsten, Ausverkauf, weißt du. Dafür hab ich jetzt Zeit.»

Aber ich nicht! «Exgüsee!»

«Exgüsee!» ist ja keinesfalls eine Entschuldigung, «Exgüsee!» ist ein Ausdruck größter Selbstgerechtigkeit, er trieft vor Ironie und erwartet im Gegenteil vom so Angesprochenen allermindestens ein Zusammenzucken, eine Habachtstellung, ein Sich-Entschuldigen. «Exgüsee!» ist nichts als eine jugendfreie und in Familienzeitschriften abdruckbare

Übersetzung von allen hässlichen Fluchwörtern und Beschimpfungen, die ich kenne. «Exgüsee!», sage ich nur, wenn ich keinen mehr mag.

Am wenigsten mich.

«Exgüsee, Frau Moser, Sie sind doch nur neidisch. Weil Sie keine Zeit haben, um stehen zu bleiben und zu plaudern.»

Das ist allerdings wahr. Kaffeerahm? Kurs? Dezember? Ich bleibe stehen.

«Und, wie geht es so?»

Verbraucherzentrale

«Warum stehen denn deine Gartenstühle auf der Straße», fragte mein Nachbar, «hast du die nicht eben erst gekauft?»

«Ach, die ... die hatte ich schon ewig!» Oder so sahen sie wenigstens aus: die geflochtenen Sitzflächen waren ausgebeult und eingerissen. Ich trug eine Kiste voller angeschlagener Teller nach draußen und stellte sie neben die Stühle. Morgen würde die Sperrmüllabfuhr holen, was Nachbarn und Schnäppchenjäger nicht weggeräumt hatten. Dann würde ich neue Stühle kaufen, vielleicht aus Plastik diesmal, unverwüstlich.

Waren die geflochtenen Gartenstühle schuld daran, dass nicht nur meine Strumpfhosen Laufmaschen haben, sondern auch meine Sommerkleider Fäden ziehen, meine Hosen hinten aufgerissen sind? Ich fülle einen Kleidersack und bringe ihn zu einer Sammelstelle, an der man mich nicht kennt.

Ich denke an eine alte Freundin, so alt wie ich, die meine Unart teilte, während der Schulstunden unter dem Tisch zu stricken. Im Unterschied zu mir folgte sie einem Muster. Meine knielangen Kreationen mit den tiefbaumelnden Krakenärmeln sind längst in die ewigen Jagdgründe der Wollpullover eingegangen. Meine Freundin trägt ihre heute noch, dreißig Jahre später. Sie sehen aus wie neu. Die Maschen sind regelmäßig und eng. Nichts leiert, nichts fusselt, nichts löst sich auf. Wie macht sie das?

Meine Absätze sind immer schiefgetreten und auch an neugekauften Wollpullovern bilden sich Fusselchen, sobald ich sie das erste Mal trage. Da, wo mein Arm die Seite berührt: Fussel. Abnutzung. Nach einmal Tragen sieht der Pullover aus, aus hätte ich ihn seit Jahren in einem schlechtgelüfteten Schrank gelagert und ein Mottennest dazugelegt. Besagte Freundin schwärmt vom Wollprogramm ihrer Waschmaschine, das ihre Pullover wie neu aussehen lasse, schöner als neu, und so stecke ich mein Fusselmonster kurzerhand in die Maschine – ohne mich zu vergewissern, dass sie dieselben magischen Fähigkeiten hat wie die meiner Freundin.

Hat sie nicht. Vielleicht habe ich auch den falschen Knopf gedrückt. Jedenfalls ist der Pullover, den ich nach vierzig Minuten aus der Maschine nehme, kindergroß und bretthart. Ich fange einen neuen Kleidersack an.

Man muss sich nicht fragen, woher die Abfallberge kommen, unter denen unsere Mutter Erde erstickt. Ich erschaffe sie, Tag für Tag neu, durch mein bloßes Dasein. Nichts hat Bestand in meinen Händen. Nichts bleibt.

«Du bist halt eine Verschleißerin.» Das hat man mir schon oft gesagt. In so vielen Worten.

«Bei dir muss man richtig spachteln», sagte die nette Dame, die mein Gesicht für einen Auftritt im Fernsehen tauglich schminkte. «Deine Haut frisst die Schminke geradezu!»

Eine unschöne Vorstellung, dafür macht es auch nichts, wenn ich mal die Wimperntusche verschmiere: Bis ich nur schon am Bahnhof angekommen bin, sieht man nichts mehr davon. Wenn ich mir mal den Luxus leiste, mir die Nägel «machen» zu lassen, splittert der Lack schon beim

Versuch, das Portemonnaie aus der Tasche zu ziehen und den Luxus zu bezahlen. Bei einer kleinen Operation hat die lokale Anästhesie nicht funktioniert. «Wir haben Ihnen die maximale Dosis gegeben», wurde mir schulterzuckend erklärt. Dafür kann ich ziemlich viel essen, ohne gleich zuzunehmen. Oder ich konnte es, bis vor wenigen Jahren. Vielleicht habe ich doch gelernt festzuhalten, was meins ist, wenigstens auf den Hüften? Ich kaufe keine Gartenstühle mehr. Ich lese eins der Bücher, die ich von meinem Vater geerbt habe, «erschienen 1969», der Leim ist vertrocknet, die Seiten fallen heraus.

Eine Verschleißerin. Eine Verbraucherin. Das ist kein schönes Etikett. Keins, das man gerne behalten möchte. Ich werfe es weg.

Meinung

«Nein», sagte ich. Einfach nein. Dabei war es gar keine Frage gewesen, die eine Antwort erwartet hätte, sondern eine Behauptung, die ich einmal zu oft gehört hatte: «Man wird doch wohl noch seine Meinung sagen dürfen!» Und da brach es aus mir heraus, das «Nein!», das ich schon tausendmal auf der Zunge gehabt und immer wieder hinuntergeschluckt hatte.

«Nein, wird man nicht!»

«Wie – nicht?»

«Einfach nicht!» Ich schüttelte den Kopf wie ein trotziges Kind, ich war kurz davor, mir die Finger in die Ohren zu stecken und laut zu singen: «Lalalalaaa!» Nur um sie nicht hören zu müssen, diese Meinung, um die niemand gebeten hatte. Ich habe genug gehört. Ich weiß, dass in dieser Art geäußerte Meinungen ausnahmslos gehässig, kritisch, nörglerisch, schlecht gelaunt sind. Und schlechte Laune machen.

Nie leitet «Das ist nun mal meine ehrliche Meinung» ein unerwartetes Kompliment ein, eine Liebeserklärung, ein Lächeln, einen charmanten Scherz, nie. Und in den seltensten Fällen ist nach so einer Meinung überhaupt erst gefragt worden.

«Du, das wollte ich dir schon lange einmal sagen», überfallen einen diese Meinungen mit todsicherem Instinkt in ohnehin fragilen Momenten. Sie erwischen einen in der Kniekehle, wenn man bereits auf wackligen Beinen steht.

Wenn man eine Umarmung nötig hätte, hört man stattdessen garantiert etwas wie:

«Also, singen kannst du immer noch nicht, ich konnte dich bis in die hinterste Kirchenbank hören!»

«Ich weiß ja, du magst diesen Mantel, aber ehrlich gesagt, du siehst darin aus wie ein Clochard!»

«Um Himmels willen, was hast du mit deinen Haaren gemacht, das ist ja furchtbar! Du solltest deinen Friseur verklagen!»

«Du musst einfach lernen, dich durchzusetzen, sonst wird das am neuen Arbeitsplatz auch nicht besser!»

Eine solche Meinung ist wie ein Nadelstich. Ein scharfer Schmerz, einen Augenblick lang, schnell vergessen. Das Ausmaß der Verletzung wird einem erst später bewusst. Wenn man merkt, dass man in sich zusammengesackt ist. Keine Luft mehr hat. Und das Schlimmste ist, dass man sich für diese Wunde noch bedankt hat, denn sie war ja gut gemeint.

«Ich sage das nur zu deinem Besten!»

Wie sollst du dich verbessern, heißt das, wenn ich dir nicht sage, was falsch ist an dir? Und glaub mir, ich bin der Experte dafür! Ich weiß, wie man sich durchsetzt, wie man die Haare trägt, und wer gut genug singt, um einem Chor beitreten zu dürfen. Ich weiß, wem was zusteht. Und vor allem: was nicht.

Eine Freundin behauptet, sie müsse, je älter sie werde, desto weniger sagen. Sie habe schon so vieles gesagt. Jetzt sitzt sie zufrieden am Tisch und hört zu, wie die Jüngeren die Welt neu sortieren. Sie mischt sich nicht ein, sie kommentiert nicht: «Das haben wir doch alles vor zwanzig Jahren schon gesagt!» Sie freut sich einfach.

Mit dieser großzügigen Haltung steht sie aber ziemlich alleine da. Die meisten Leute, die ich kenne, werden mit jedem Jahr selbstgerechter. Sie wissen immer genauer, wie man leben sollte: So, wie sie es selber tun. Sie pochen auf ihre Ehrlichkeit, als sei sie ihr höchstes Gut, als entschuldige Ehrlichkeit Gefühllosigkeit, als trumpfe sie Freundschaft. Oder sei, noch schlimmer, ein unverzichtbarer Bestandteil der Freundschaft: «Ich meine es nur gut mit dir.» Je näher man solchen Leuten steht, desto gnadenloser wird man auseinandergenommen – natürlich nur zum eigenen Besten.

Warum, bitte schön, muss man sich immer verbessern? Kann man nicht einfach einmal gut genug sein? Genau so, wie man ist, mit einer missglückten Dauerwelle, einem zu großen Wintermantel, dafür ohne großen beruflichen Ehrgeiz und ganz ohne Musikgehör? Und sollte einem nicht trotz all dem erlaubt sein zu singen?

Entschuldigung, das musste mal gesagt werden. Das wird doch wohl noch erlaubt sein!

Nein?

Eins bis Zen

Ich lerne etwas Neues. Etwas Neues lernen heißt erst einmal, etwas nicht zu können. Das fällt uns Erwachsenen erstaunlich schwer. Wir geben uns nicht gern eine Blöße. Wir sind nicht gern mit dem Ausmaß unseres Nichtwissens, Nichtkönnens konfrontiert. Es ist so viel größer als unser Wissen, unser Können. Unendlich viel größer. Irgendwo habe ich gelesen, dass wir nie mehr so viel lernen wie in unserem ersten Lebensjahr. In einem Jahr von null bis aufrecht – doch von da an geht es stetig bergab. Ich meine mich allerdings zu erinnern, ich hätte bei meiner Geburt alles gewusst, was es zu wissen gibt, und es erst nach und nach wieder vergessen. Schaue ich heute in einen Kinderwagen, erkenne ich in dem gefassten blauen Babyblick genau diesen Abgrund an Wissen. Das ist übrigens der Grund, warum ich meinen Kopf in fremde Kinderwagen stecke: um von diesem unerschütterlichen, allwissenden Blick gestreift zu werden wie von einer segnenden Hand.

Aber gut. Jetzt bin ich erwachsen, mehr als erwachsen, und lerne etwas ganz Neues. Ich zähle bis zehn. Das sollte doch nicht so schwierig sein.

Ha!

Ich sitze auf einem schwarzen Kissen, die Beine gekreuzt, die Hände ineinandergelegt, die Augen halb geschlossen. Ein Gong erklingt. Ich atme ein, ich atme aus. Ich zähle: eins. Einatmen, ausatmen, zwei. Einatmen, ausatmen…

meine Hüfte tut weh. Wie lang sitze ich schon hier? Sollte man nicht meinen, jemand, der so viel Yoga macht wie ich, sollte eine halbe Stunde stillsitzen können? Da niest jemand. Wie peinlich, zum Glück ist das nicht mir passiert. Andererseits, hat die Lehrerin nicht gesagt, unwillkürliche Körperregungen wie Schlucken, Niesen, Husten solle man nicht unterdrücken? Jetzt kitzelt es in meiner Nase. Ist Niesen ansteckend, wie Gähnen? O Gott, nur nicht an Gähnen denken! Schon muss ich – ich presse die Kiefer zusammen, meine Augen tränen. Ein unwiderstehliches Bedürfnis, den Arm zu heben, die Tränen wegzuwischen, die beim Trocknen auf meiner Haut ein unangenehmes Jucken hinterlassen. Wenn ich mich jetzt nicht kratze, sterbe ich. Okay. Okay. Ein, aus, eins. Ein, aus, zwei. Ein, aus ... Der Geist sei wie eine Schlange, hat die Lehrerin gesagt, ständig in Bewegung, ohne sich dessen bewusst zu sein. Steckt man nun diese Schlange in das Bambusrohr der Meditationspraxis, werden ihr diese Bewegungen erst bewusst. Wenn sie sich am Rohr anstößt. Früher wollte ich immer eine Schlange als Haustier haben, die Nachbarn hatten eine Boa constrictor, außerdem einen kleinen Alligator, den sie in der Badewanne hielten. Beide Tiere rissen regelmäßig aus. Dann klingelten die Kinder an den Türen: «Sie, haben Sie unsere Schlange gesehen?» Und die Mütter sprangen auf die Stühle. Einmal habe ich sie eingefangen, die Schlange, sie fühlte sich samtig an, glatt, überhaupt nicht glitschig. Ein, aus. Eins. Ein, aus. Mein Atem zischt durch die Nasenlöcher. Warum atme ich so laut? Jeder kann mich hören. Wie peinlich. Wie lange sitze ich schon hier? Mein Fuß ist eingeschlafen. Einatmen, ausatmen. Eins. Zwei. Drei. Plötzlich sehe ich meinen Atem wie eine Leiter, um deren

Sprossen sich meine Gedanken winden. Wie Unkraut. Eins, zwei, drei, vier.

Plötzlich ist es still.

Ich löse mich auf im Nichts.

Und dann bin ich plötzlich bei achtzehn. Achtzehn? Einatmen, ausatmen, eins ...

So geht das, bis der Gong erklingt. Ich strecke meine Beine aus, ich reibe mir die Augen, ich trete in den Tag hinaus, der vor mir liegt wie neu, wie der allererste Tag überhaupt. Eine Frau kommt mir entgegen, ein winzig kleines Kind vor die Brust gebunden, im Vorbeigehen schenkt es mir einen dieser Blicke, die sagen: Na also, geht doch! Und dann zwinkert es mir zu.

Wäsche waschen

Es schneite immer stärker, dicke weiße Flocken wirbelten durch die Luft. Der Schnee knirschte unter meinen Schuhen. Der Riemen einer großen Sporttasche schnitt in meine Schulter. Sie war voll schmutziger Wäsche. Von zwei Teenagern nach einer Woche Skiferien. Morgen würden sie direkt ins Skilager fahren, ausgerüstet, hoffentlich, mit sauberen Kleidern.

Es war ein grimmiger Tag. Die Teenager, mein Mann, unsere Freunde waren auf der Piste. Ich beneidete sie nicht. Der Wind würde ihnen ins Gesicht peitschen, Schneeflocken die Sicht behindern, die Hände würden an den Skistöcken anfrieren. Ich hingegen hatte ein dickes Buch dabei, das ich ungestört lesen würde, während die Wäsche in der Trommel drehte. Die Flucht in den Waschsalon gehörte zu den kleinen Alltagsfreuden, die ich in Amerika kennengelernt hatte und die ich hier oft schmerzlich vermisste. Die eigene Waschküche kann ein Gefängnis sein. «Ich kümmere mich darum», hatte ich deshalb am Frühstückstisch gesagt, mit tapferer Miene, so dass die anderen glauben sollten, ich opferte mich auf. Ich würde als Heldin zurückkommen, dabei hatte ich mir einen freien Tag verschafft.

Die Wäscherei war geschlossen. Ich fragte im Kiosk an der Bergstation nach. «Oh – die haben vor einem Jahr schon zugemacht!», sagte eine der zwei nettesten Frauen, die mir seit langem begegnet waren. Sie hörten sich mein

Problem an und verstanden sofort: «Mit schmutziger Wäsche ins Lager, das geht nicht, unmöglich.»

Das hatte mein Mann vorgeschlagen: «Die können doch ihre Sachen im Lagerhaus waschen! Oder schmutzig anziehen! Ist denen doch egal.»

«Ja, denen schon», verstanden die Kioskfrauen. «Aber Ihnen nicht!»

Eine Seilbahn kam an, eine Horde aufgeregter ferienreifer Menschen ergoss sich in die Station und in den Kiosk. Die Frauen verkauften Zeitungen, Schokolade, Briefmarken und Schlüsselanhänger, dazwischen suchten sie mir die Telefonnummer einer anderen Wäscherei heraus, die aber keine Privatwäsche annahm. Jetzt wurde es schwierig. «Kommen Sie mit zu mir nach Hause, ich habe eine eigene Maschine», bot einer der Engel vom Zeitungsstand an. Mir. Einer Fremden. Allerdings musste sie bis sieben Uhr arbeiten, so lange wollte ich nicht warten.

«Da gibt es nur eins: Sie müssen nach Brig hinunter.»

Ich nahm die Bergbahn und dann den Zug und überlegte mir, wie ich das beim Abendessen erklären würde. In Brig schneite es auch. Ich fand die Wäscherei nach einigem Suchen, stopfte die Wäsche in zwei Maschinen und gab sorgfältig das richtige Programm ein. Teenager sind erstaunlich empfindlich, wenn es um ihre Wäsche geht. Ich setzte mich in ein Café und bestellte eine Cremeschnitte mit rosafarbenem Zuckerguss. Ich las in meinem dicken Buch. Draußen schneite es.

Als ich in die Wäscherei zurückkam, stand der Boden unter Wasser. Knöcheltiefer Seifenschaum. «Sie! Falsch eingestellt!», schrie eine der Betreiberinnen, drückte mir zwei schwere Bodenlappen in die Hand. Ich ging in die

Knie. Das Wasser drang durch meine Hosen. Das glaubt mir wieder mal keiner, dachte ich und knipste zur Sicherheit ein Beweisbild, das ich später vom Zug aus an meine Freundinnen verschicken würde. Irgendwann war der Boden trocken, die Angestellte versöhnt, und die Wäsche in den Trocknern verstaut. Sicherheitshalber blieb ich gleich hier. Ich setzte mich auf den Plastikstuhl und nahm mein Buch aus der Tasche. Als ich wieder an der Bergstation ausstieg, war es dunkel. Meine Lieblings-Kioskverkäuferin machte sich zum Gehen bereit.

«Und?», rief sie mir zu.

Ich hielt den Daumen hoch. Mission erfüllt. Wäsche sauber.

Zum Abendessen gab es geschmolzenen Käse. Die Teenager beschwerten sich über die graue Färbung ihrer ehemals weißen Socken und über die Tatsache, dass ihre Lieblingsjeans noch feucht waren. Mein Mann konnte nicht mehr aufhören, den Kopf zu schütteln.

«Das darfst du einfach nie jemandem erzählen», sagte er.

Früh übt sich

Der letzte Bus wartet den letzten Zug ab und ruckelt dann durch die Dörfer. Halbleer und hell erleuchtet durchpflügt er die Dunkelheit. Die Alten – damit meine ich mich – fahren nach Hause, für die Jungen fängt der Abend erst an. Ich lege den Kopf an die Scheibe, sie ist kalt. Was, wenn ich einschlafe, denke ich. Werde ich dann bis an das Ende der Zeit mit dem Bus im Kreis herumfahren? Oder mitsamt dem Bus im Depot übernachten? Ich nehme nicht oft den letzten Zug. Eigentlich nur, wenn ich von einer Lesung zurückkomme. Wenn ich nicht arbeite, gehe ich früh schlafen. Peinlich früh. Meine Nichte findet diesen Zustand bedauerlich und will ihm ein Ende bereiten. Sie plant einen Ausgang, der mindestens bis morgens um fünf dauern soll, und sie kennt auch irgendwelche Clubs, in denen ich «gar nicht auffallen» würde. Ein Glück, eine solche Nichte zu haben. Trotzdem konnte ich mich bisher drücken. Heute war ich im Theater, wo ich selten bin, weil es immer so lange dauert. Wenige Stücke sind so spannend inszeniert, dass sie mich vergessen lassen, wann der letzte Zug fährt. Die anderen wollten noch etwas trinken gehen, ich winkte ab: der letzte Zug.

Der letzte Zug fährt jeden Abend zu einer anderen Zeit. Manchmal benutze ich ihn schon um zehn als Ausrede. Städter sind leicht zu täuschen. Doch als ich jetzt den Kopf an die Scheibe lege und in die Dunkelheit hinausstarre, frage ich mich, ob ich meinem Schlaf nicht zu viel Bedeutung beimesse. Doch ich bin zu müde, um den Gedanken zu Ende zu denken.

Zwei junge Paare diskutieren den weiteren Verlauf des Abends, irgendwo auf dieser Busstrecke befindet sich ein Lokal, das sie noch aufsuchen wollen. Für sie fängt der Spaß erst an. Sie haben frische Gesichter und klare Augen und wirken selbstsicher und zufrieden. Sie könnten in einem Werbefilm auftreten, der den Titel trägt: *Die heutige Jugend ist total in Ordnung*. Sie strahlen die Vertrautheit aus, mit der uralte Paare miteinander umgehen. Die Männer machen sich über die Handtaschen der Frauen lustig, ihre Größe, ihren Inhalt, der eine greift nach der Tasche seiner Freundin und droht sie auszukippen, die andere junge Frau schmiegt den Kopf an die Schulter ihres Begleiters. Ihre Finger spielen mit einer Halskette, an der ein Herz hängt. Du kannst dich lange über meine Handtasche lustig machen, ich weiß, du gehörst zu mir.

An der nächsten Haltestelle steht ein junger Mann auf, nickt den Paaren zu, sie murmeln einen Gruß, er geht zur Tür und drückt auf den roten Knopf. In den wenigen Sekunden, die der Bus braucht, um anzuhalten, die Türen zu öffnen, den jungen Mann aussteigen zu lassen, ist es ganz still. Die beiden Paare halten den Atem an, Blicke huschen hin und her über den jungen Mann und wieder zurück, zueinander hin, aus den Augenwinkeln.

Jetzt kommt's, denke ich, als der junge Mann aussteigt. Er ist etwas dicklich, vielleicht sind es auch nur seine überdimensionierten Kleider, die diesen Eindruck erwecken. Er steckt seine Hände tief in die Jackentaschen, zieht den Kopf zwischen die Schultern und versucht, in der Dunkelheit zu verschwinden. Es gelingt ihm nicht. Die Paare starren ihm nach, ihre Augen folgen ihm wie Scheinwerfer. Obwohl sie ihn während der ganzen Fahrt nicht beachtet haben, ist ihnen kein Detail entgangen.

«Er hat noch den Dings angerufen, aber der hat nicht abgenommen.»

«Extra nicht.»

«Vorhin, als wir auf den Bus warteten, hat er am Bahnhof noch zwei Bier gekippt.»

«Allein.»

«Schon krass.»

«Ich wette, er biegt da vorne links ab, damit wir meinen, er gehe noch aus – dabei geht er garantiert nach Hause.»

«Allein!»

«Schon krass.»

Und sie starren aus dem Fenster in die Dunkelheit, bis der junge Mann verschwunden ist. Dann lehnen sie sich zurück, zufrieden, sie sind nicht allein, ihnen kann man nichts anhaben.

In der hintersten Sitzreihe lümmeln sich ein paar betrunkene Jugendliche. Sie sind laut. Ich habe mich absichtlich in sicherem Abstand zu ihnen gesetzt. Doch jetzt wechsle ich den Platz.

Tote Äpfel

In der fünften Klasse war ich Mitglied eines Schreibclubs. Das hatte aber nichts mit meinem frühreifen Talent zu tun, sondern mit meiner grauenhaften Handschrift. Die Mitgliedschaft im Schreibclub war nicht freiwillig, sondern bei einer ungenügenden Schönschreibnote vorgeschrieben. Die Note konnte aufgebessert werden, indem man jeden Tag eine Seite in einem speziell dafür vorgesehenen Heft vollschrieb, und zwar schön! Nichts anderes zählte, nicht der Inhalt, nicht die Grammatik, nur schön sollte es sein. Unsere Lehrerin, Frau Stahel, empfahl uns, der Einfachheit halber jeweils eine Seite aus einem beliebigen Buch abzuschreiben.

Sie konnte nicht wissen, wie schwer mir das fiel. Dabei gab ich mir alle Mühe. Ich schwärmte für Frau Stahel, die mir in den damals modernen Midi-Röcken über kniehohen rostroten Stiefeln unglaublich elegant vorkam. Sie hatte unsere ganze Klasse zu ihrer Hochzeit eingeladen, wir hatten Papierblumen gebastelt und ein Lied gesungen, ich habe heute noch ein Foto von diesem Anlass. Da stehe ich, als einziges Mädchen in Jeans, und erst noch mit Grasflecken an den Knien, zwischen Kniestrümpfen und Lackschuhen. Frau Stahel hat es mir nicht übelgenommen. Im Gegenteil, sie hat mir sogar ihren Hasen anvertraut, der in der ehelichen Wohnung nicht mehr willkommen war. Wir hatten bereits ungezählte Meerschweinchen, Hamster und Zwerghasen, aber bitte, schreiben Sie jetzt keine erzürnten

Leserbriefe: Das war in den siebziger Jahren. Wir wussten es nicht besser. Niemals würde ich mehr Kleintiere in Käfigen halten. Nicht zuletzt, weil sie alle ein tragisches Ende nahmen. Eine Bekannte hatte ihren Bernhardiner mitgebracht, der, während wir auf der Terrasse Kuchen aßen, hinter dem Haus das Kleintiergehege plünderte. Stolz brachte er ein totes Tier, das in seinem riesigen Maul beinahe verschwand, an den Tisch und legte es unserer Bekannten in den Schoß. An den Rest dieses Nachmittages habe ich keine Erinnerung, außer die: Mein Bruder und ich lagen heulend auf dem Boden, grünes Gras stach in meine Nase.

Jedenfalls, der Schreibclub. Ich saß also an meinem Tisch, vor mir aufgeschlagen ein Buch, vermutlich aus der Hanni-und-Nanni-Reihe, und begann abzuschreiben. Mit der besten aller Absichten. Rund und rund reihte ich Bögen und Schlaufen aneinander. Erst wenn man eine bestimmte Anzahl schöngeschriebener Seiten abgeliefert hatte, durfte man den Club verlassen. Doch bald brannte meine Phantasie mit mir durch, ich konnte mich unmöglich an den vorgegebenen Text halten, das konnte doch wohl nicht sein, dass Hanni ... und schon schrieb ich meine eigene Geschichte. Meine Gedanken jagten meiner Hand voraus, die den Stift kaum halten konnte. Wie ein Wildpferd bäumte er sich zwischen meinen Fingern auf. Kurz: Ich habe den Schreibclub nie verlassen.

Der Sinn des Schönschreibens leuchtete mir damals ebenso wenig ein wie heute. Es empörte mich, dass der erste Kommentar Schweizer Lehrerinnen zu meinem zweisprachig aufgewachsenen Sohn lautete: «Er kann ja noch nicht einmal auf die Linie schreiben.» – «Inhalt vor Form!», möchte ich entgegnen. Doch damit stoße ich an eine Grenze.

Ich trage immer mindestens ein Notizbuch mit mir herum. Mitten im Film, im Gespräch, während des Essens oder einer Busfahrt fällt mir etwas ein oder auf, das ich auf keinen Fall vergessen will. Also schreibe ich es auf. Später sitze ich dann zu Hause, blättere in meinem Buch und versuche zu rekonstruieren, was ich da aufgeschrieben habe. Was will die Dichterin sich sagen? Keine Ahnung. Ich versuche mich an die Umstände zu erinnern, wo war ich, mit wem saß ich da am Tisch? Worüber haben wir gesprochen? Manchmal hilft das. Manchmal nicht. Der größte Teil meiner Notizen bleibt für immer verloren, unentzifferbar. Und was ich lesen kann, macht oft keinen Sinn. Zum Beispiel: Tote Äpfel.

Tote Äpfel?

Tote Äpfel. Darüber kann ich dann wieder tagelang nachdenken.

Inhalt

Vorbemerkung 7
Das Leben ist kein Sofa 9
Altpapier 12
Wo die Liebe hinmailt 15
Wenn Männer zu sehr kochen 18
Markenbewusstsein 21
Ablösen, abwaschen 24
Adams Knochen 27
Anfängergeist 30
Die Zeitung von hinten 33
Betty Bossi Shanti Om! 36
Achtung, enthält Katzen! 39
Wenn Männer zu sehr grillieren 42
Alle Wege führen nach Dielsdorf – irgendwann 45
Das Weiße-Socken-Manifest 48
Von den Vorteilen, eine Frau zu sein 51
Die Gattung 54
Das Leben der anderen 57
Von der Bedeutung der Wäscheklammer 60
Die Farben des Regenbogens 63
Warum einfach, wenn es auch anders geht? 66
Strafe muss sein. Eine Kolumne mit Katzen 69
Willkommen in der Schweiz! 72
Frau am Grill 75
Die Kosten-Nutzen-Klage 78
Ich bin auch ein Groupie 81

84 Eifersucht
 87 Wie redest du mit mir?
 90 Die Kunst, ein Hotelzimmer zu verwüsten
 93 Die Unsichtbaren
 96 Ode an das Bahnhofsklo
 99 Sie, Ihr Kind …!
102 Die Gartenfee
105 Das Zögern des Fußgängers vor den gelben Streifen
108 Dadüüüdadooo
111 Lob der Niederlage
114 Alleingang
117 Der Ernst (des Lebens)
120 Meine Männer
123 Interruptus
126 Juppiduu
129 Herbst der Liebe
132 Roosevelt
135 Das rote Kleid
138 (Katzen-)Damen-Dramen
141 High Noon im Mittelland
144 Roll over and die!
147 Saure Trauben
150 Verbraucherzentrale
153 Meinung
156 Eins bis Zen
159 Wäsche waschen
162 Früh übt sich
165 Tote Äpfel

Milena Moser

Möchtegern

Roman. 464 Seiten, gebunden
ISBN 978-3-312-00452-2

Die bekannte Schriftstellerin Mimosa Mein, die viele Jahre zurückgezogen auf dem Land lebte, tritt wieder vor die Öffentlichkeit: als Jurorin einer Castingshow. Dort wird sie mit den Lebensgeschichten von Menschen konfrontiert, die buchstäblich alles riskieren, um berühmt zu werden. Eine Teilnehmerin sucht im Schreiben therapeutische Befreiung, eine zweite will mit dem erträumten Bestseller endlich aus ihrem Hausfrauenleben ausbrechen – und die Texte einer dritten erinnern Mimosa Mein seltsam vertraut an einen Mann, der vor vielen Jahren unter ungeklärten Umständen verschwand. Ein mitreißender, witziger Roman über Schreiben und Ehrgeiz, Freundschaft und Verrat und die tückischen Zufälle des Lebens.

«Man kann in diesem Roman finden, was man will: Spannung, Unterhaltung, Tragik, die pure Komödie und einen Krimi. Der Roman hat nur einen Mangel: Er ist nach 464 Seiten zu Ende.»
　　　　　　　　　　Tania Kummer, *Schweizer Radio DRS 3*

Nagel & Kimche

Charles Lewinsky

Gerron

Roman. 544 Seiten, gebunden
ISBN 978-3-312-00478-2

Er war einmal ein Star und ist jetzt nur noch ein Häftling unter Tausenden. Und er soll ein letztes Mal seine Fähigkeiten beweisen. Das verlangt von ihm eine folgenschwere Entscheidung: Entweder er handelt gegen sein Gewissen und rettet dafür womöglich sein Leben und das seiner geliebten Frau. Oder er bleibt standhaft und riskiert alles, was ihm noch geblieben ist.

In einem literarisch brillanten, berührenden und bedrängenden Roman erzählt Charles Lewinsky eine unglaubliche Lebensgeschichte zwischen Erfolg und Verzweiflung, Bewunderung und Verfolgung.

«Lewinsky ist ein sprachmächtiger und kluger Romancier.»
Frankfurter Allgemeine Zeitung

Nagel & Kimche

Andrea Camilleri

Streng vertraulich

Aus dem Italienischen von Sigrid Vagt
Roman. 272 Seiten, gebunden
ISBN 978-3-312-00468-3

Camilleris neuer Roman ist die köstliche Geschichte eines eleganten Schlitzohrs und Frauenverführers, der eine mächtige Bürokratie austrickst. Die Grundlage dieses Buchs ist eine wahre Begebenheit, aus der Camilleri ein fulminantes Lesevergnügen zaubert: 1929 reist der Neffe des äthiopischen Kaisers Negus nach Vigàta in Sizilien, um zu studieren. Und die faschistische Diktatur versucht das für ihre Zwecke auszunutzen. Intelligenter und witziger kann Unterhaltung nicht sein.
Streng vertraulich war bei Publikum und Medien ein immenser Erfolg und stand über Monate auf Platz eins der Bestsellerliste in Italien.

«Camilleri serviert seinen Lesern eine höllisch gewürzte Geschichte, die zeigt, dass der kaiserliche Spross nicht nur spielsüchtig, notorisch klamm und ein lüsterner junger Bock ist, sondern wie Blechtrommler Oskar auch den faschistischen Apparat der Lächerlichkeit preisgibt. Ebenso tiefgründig wie urkomisch.»
        Niklas Bender, *Frankfurter Allgemeine Zeitung*

Nagel & Kimche